CONTEMPORARY HIDEAWAYS
OVERGROWN HOMES AND GREEN LIVING

Primera edición: noviembre de 2025
Monsa Publications
C/ Gravina, 43 · (08930) Sant Adrià de Besòs,
Barcelona (España)
T. +34 93 381 00 93
www.monsa.com
monsa@monsa.com

Editor: Monsa Publications
Diseño de portada y maquetación:
Eva Minguet (Monsa Publications)
Corrección y edición: Anna Minguet

Impreso en España

Tienda online:
www.monsashop.com

¡Síguenos!
Instagram: @monsapublications

ISBN: 978-84-17557-88-1
Depósito legal: B 19013-2025

monsa

INTRO // INTRODUCCIÓN

In an increasingly connected and saturated world, a fundamental need emerges: to disconnect. But disconnecting is not merely a technological act; it is a return to the essential, to nature, to places where silence and landscape take center stage.

This book is a celebration of architecture in its purest form: shelters created to blend in, not dominate. Here, you will find cabins nestled in forests, homes perched on rocks, and structures defying the wind on steep cliffs. Each project responds to a unique challenge: adapting to the wild, respecting it, and coexisting with it.

The concept of living off-grid—detached from conventional energy and water networks—comes to life here as more than a trend. It is a philosophy of life that combines sustainability, minimalism, and boldness. Solar panels, rainwater harvesting systems, and local materials are integral to these constructions, designed not just to be inhabited, but to inspire.

This journey is not only architectural; it is a voyage to the very essence of what it means to live. Through these pages, we will explore how these homes become extensions of the landscape, how technology can serve as an ally to nature, and how design can reconcile us with the primitive and the sublime.

En un mundo cada vez más conectado y saturado, surge una necesidad primordial: desconectar. Pero desconectar no solo como un acto tecnológico, sino como un regreso a lo esencial, a la naturaleza, a lugares donde el silencio y el paisaje sean los protagonistas.

Este libro es una celebración de la arquitectura en su forma más pura: refugios creados para integrarse, no dominar. Aquí encontrarás cabañas en bosques, casas construidas sobre rocas, y estructuras que desafían el viento en acantilados abruptos. Cada proyecto responde a un desafío único: adaptarse a lo salvaje, respetarlo y coexistir.

El concepto de off-grid —vivir desconectado de las redes convencionales de energía y agua— se materializa aquí como algo más que una tendencia. Es una filosofía de vida que combina sostenibilidad, minimalismo y audacia. Placas solares, sistemas de captación de agua de lluvia y materiales locales son parte integral de estas construcciones, diseñadas no solo para habitar, sino para inspirar.

Este recorrido no es solo arquitectónico; es un viaje a la esencia misma de lo que significa vivir. A través de estas páginas, exploraremos cómo estas viviendas se convierten en extensiones del paisaje, cómo la tecnología puede ser aliada de la naturaleza, y cómo el diseño puede reconciliarnos con lo primitivo y lo sublime.

INDEX // ÍNDICE

WEST DUNE HOUSE

Magdalen Islands, Canada // Architecture: Bourgeois / Lechasseur architects // Photo credit: Adrien Williams + Nigel Quinn // General Contractor: Constructions MPL

This secondary residence is located in the Magdalen Islands, overlooking West Dune and the sea. The clients, a retired couple, wish to spend a few months each year in this home.

The design was inspired by a formal exploration of sand models exhibited at *Wallpaper Magazine* in London. Its volumetry draws both from local traditional architecture and from the natural forms of wind-swept dunes. The resulting shape gives the impression of a house sculpted from a monolith of sand. The side walls follow the slope of the roof and extend to the edge of the deck, creating a sheltered, wind-protected outdoor space. The entrance is discreetly integrated into the reinforced side wall, offering protection from the elements.

Esta residencia secundaria se ubica en las Islas de la Magdalena, con vistas a West Dune y al mar. Los clientes, un matrimonio jubilado, desean pasar allí algunos meses al año.

El diseño se inspira en una exploración formal de maquetas de arena presentadas en una exposición de *Wallpaper Magazine* en Londres. Su volumetría toma referencias tanto de la arquitectura tradicional local como de las formas naturales de las dunas esculpidas por el viento. El resultado es una casa que parece haber sido tallada en un monolito de arena. Los muros laterales prolongan la pendiente de la cubierta y se extienden hasta el borde de la terraza, creando un espacio exterior resguardado del viento. La entrada se integra de manera discreta en el muro lateral reforzado, ofreciendo protección frente a las inclemencias del tiempo.

The living areas are located on the ground floor in an open space beneath a cathedral ceiling. This level also includes an office and a guest room with an adjoining bathroom. A skylight on the façade fills the living room with natural light, serving as a subtle homage to local architectural traditions. The master bedroom is situated on a mezzanine, cantilevered over the deck and projecting toward the horizon.

The exterior is clad in sand-colored cedar shingles, a material widely used throughout the islands for its resistance to salt air. The recessed sections are finished with warm brown, semi-transparent wooden siding. Each window frames a distinct landscape view: beyond the dunes and the sea, one might even catch sight of foxes roaming nearby.

The West Dune House integrates seamlessly into the picturesque landscape of the Magdalen Islands.

Las áreas de estar se encuentran en la planta baja, en un espacio abierto bajo un techo de doble altura tipo catedral. En este nivel también se ubican un despacho y una habitación de invitados con baño propio. Un tragaluz en la fachada inunda de luz natural la sala de estar y constituye un sutil homenaje a las tradiciones arquitectónicas locales. El dormitorio principal se sitúa en un altillo, en voladizo sobre la terraza y proyectado hacia el horizonte.

El exterior está revestido con tejas de cedro color arena, un material ampliamente utilizado en las islas por su resistencia al aire salino. Las partes en retranqueo se terminan con un revestimiento de madera semitransparente en tonos cálidos de marrón. Cada ventana enmarca un paisaje distinto: además de las dunas y el mar, es posible divisar zorros correteando en los alrededores.

La Casa West Dune se integra de manera armoniosa en el pintoresco paisaje de las Islas de la Magdalena.

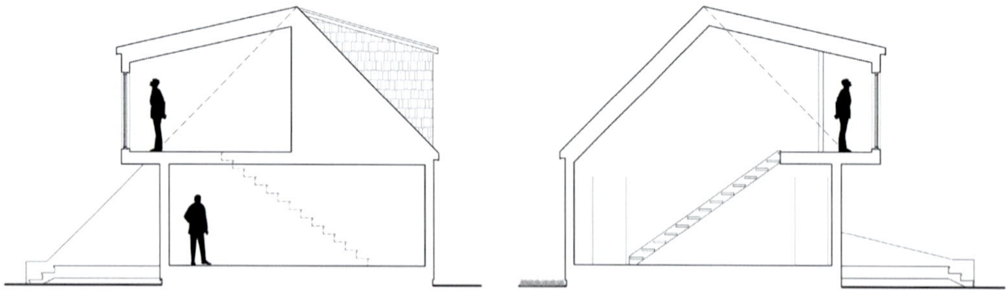

SIDE SECTIONS

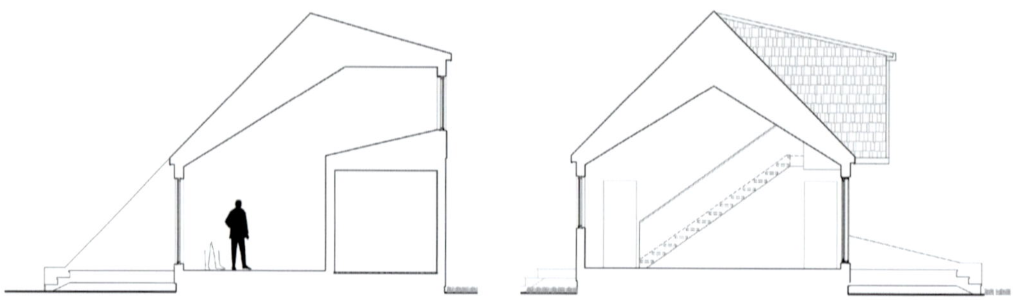

SIDE SECTIONS

MODEL OF HOUSE

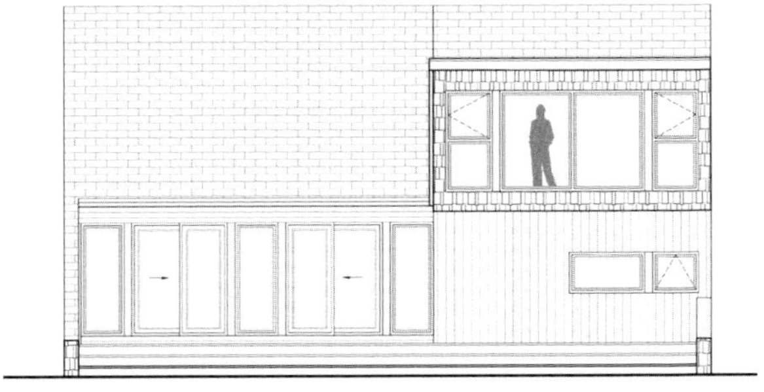

NORTH ELEVATION

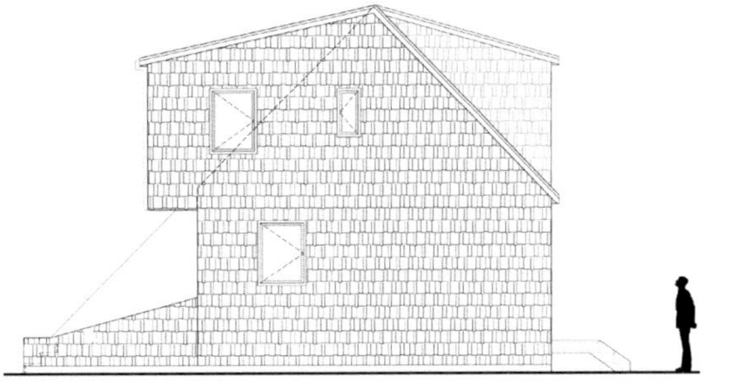

WEST ELEVATION

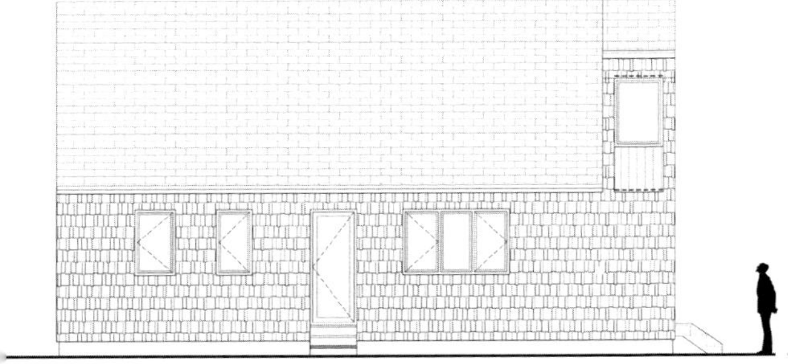

SOUTH ELEVATION

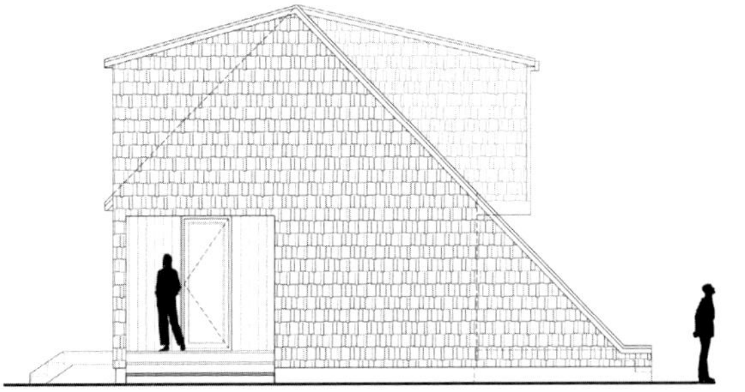

EAST ELEVATION

www.bourgeoislechasseur.com

About Bourgeois / Lechasseur Architects

Guided by a desire to create innovative projects that serve the user, Bourgeois / Lechasseur Architects pursue a contemporary architecture that is both realistic and sensitive, inspired by the defining features of the landscape. The subtle modeling and sculpting of volumes shape the creative process of each building. Exploration and discovery are central to the experience of every project, regardless of scale. It is important that architecture not reveal everything at first glance, but instead offer multiple layers of interpretation. The element of surprise is essential to understanding a project.

Throughout their design process, the architects seek to frame views, allow natural light to permeate, and shield living spaces from prevailing winds. Honest, understated materials are employed to create atmospheres that achieve maximum impact through simplicity. The practice is characterized by a series of dualities—tradition/modernity, boldness/sobriety, distinction/integration, urban influences/maritime influences. These principles stem from the architects' personal experiences and are rooted in their area of practice, which extends from Quebec City to the Magdalen Islands.

Acerca de Bourgeois / Lechasseur Architects

Impulsados por el deseo de crear proyectos innovadores al servicio del usuario, Bourgeois / Lechasseur Architects desarrollan una arquitectura contemporánea, realista y sensible, inspirada en los rasgos esenciales del paisaje. El sutil modelado y esculpido de los volúmenes guía el proceso creativo de cada edificio. La exploración y el descubrimiento son fundamentales en la experiencia de cada proyecto, sin importar su escala. Para ellos, la arquitectura no debe revelarlo todo a primera vista, sino ofrecer múltiples niveles de lectura. El elemento sorpresa resulta esencial para la comprensión de una obra.

A lo largo de su proceso de diseño, los arquitectos buscan enmarcar las vistas, permitir que la luz natural penetre en los espacios y proteger las áreas habitables de los vientos dominantes. Utilizan materiales genuinos y sobrios para crear atmósferas que alcanzan su mayor impacto a través de la simplicidad. El estudio se define por una serie de dualidades: tradición/modernidad, audacia/sobriedad, diferenciación/integración, influencias urbanas/influencias marítimas. Estos principios surgen de sus experiencias personales y se reflejan en su territorio de intervención, que se extiende desde la ciudad de Quebec hasta las Islas de la Magdalena.

CANOPY HOUSE

São Paulo, Brazil // Architecture: Studio MK27 // Architect: Marcio Kogan // Co-architect: Regiane Leão and Marcio Tanaka // Photo credit: Fernando Guerra // Project team: Julia Jobim, Oswaldo Pessano // Communications team: Carlos Costa, Nathalia Lima, Tamara Lichtenstein

The positioning of Canopy House was meticulously planned to minimize disturbance to the surrounding nature and to respect the strict construction footprint. The site's steep slopes, set within a tropical forest, posed significant challenges throughout both the design and construction phases. Access points, views, and feasibility had to be carefully balanced.

The white prism is elevated on a series of stilts, allowing the house to barely touch the ground. The main entrance, reached via a spiral staircase, links the terrace to the bedrooms. This design strategy eliminates any indoor alternative for circulation between spaces, creating a radical immersion in the weather, winds, scents, and light of the jungle.

La ubicación de la *Canopy House* fue cuidadosamente planificada para minimizar la alteración de la naturaleza circundante y respetar el estricto perímetro de construcción. El terreno, con fuertes pendientes en medio de un bosque tropical, representó un gran desafío tanto en el diseño como en la ejecución de la obra. Fue necesario equilibrar con precisión los accesos, las vistas y la viabilidad técnica.

El prisma blanco se eleva sobre una serie de pilotes, de modo que la casa apenas toca el suelo. El acceso principal, al que se llega mediante una escalera de caracol, conecta la terraza con los dormitorios. Esta estrategia elimina cualquier alternativa interior de circulación entre los espacios y propone, en cambio, una experiencia radical de inmersión en el clima, los vientos, los aromas y la luz de la selva.

Above the prism, an elevated platform opens onto views of the forest canopy. A light structure, contained within the platform's limits, shelters the living area enclosed by sliding glass panels. The transition between interior and exterior is seamless, creating a constant and profound sense of immersion in the Atlantic Forest.

The interior design is an exclusive exploration of Brazilian culture, showcasing contemporary national design, traditional craftsmanship, and original works in every texture and object. Canopy House is both a celebration of Brazil's remarkable natural environment and a tribute to its boundless cultural diversity.

A bespoke *cobogó* casts shifting shadows that animate the interiors with a unique pattern evolving throughout the day, adding another layer of texture to the symphony of materials. Straw appears in pendant lights by Israel Piaçava, in side tables, and even in an entire wall. A diversity of textiles emerges in rugs, hammocks, and armchairs, such as the *Vivi* by Sergio Rodrigues. Wood, in its many forms, is expressed in the sliding mashrabiya panels, in a coffee table by Pedro Petry, and in a sculpture by José Bezerra. Finally, concrete walls bring an allegro finale, unifying the composition into a harmonious whole.

Sobre el prisma, una plataforma elevada se abre hacia las copas del bosque. Una estructura ligera, contenida dentro de los límites de la plataforma, cubre el área de estar, cerrada con paneles de vidrio corredizos. La transición entre el interior y el exterior es sutil, creando una sensación constante y profunda de inmersión en la Mata Atlántica.

El diseño interior explora de manera exclusiva la cultura brasileña, mostrando diseño contemporáneo nacional, artesanía tradicional y obras originales en cada textura y objeto. *Canopy House* es una celebración de la impresionante naturaleza de Brasil y un homenaje a su infinita diversidad cultural.

Un *cobogó* diseñado específicamente para la casa proyecta sombras que pintan el interior con un patrón único, que cambia a lo largo del día, añadiendo otra capa de textura a la sinfonía de materiales. La paja está presente en las luminarias de Israel Piaçava, en las mesas auxiliares e incluso en un muro completo. La diversidad de textiles se refleja en alfombras, hamacas y sillones, como el Vivi de Sergio Rodrigues. La madera, en su versatilidad, aparece en los paneles corredizos tipo mashrabiya, en la mesa de centro de Pedro Petry y en la escultura de José Bezerra. Finalmente, los muros de hormigón ejecutan un allegro final, unificando la composición en un conjunto armonioso.

www.mk27.com

About Studio MK27

Studio MK27, located in the vibrant and chaotic city of São Paulo, was founded in the late 1970s by architect Marcio Kogan. Today, the studio comprises 56 members along with numerous collaborators worldwide.

The team of architects, passionate admirers of the Brazilian modernist generation, seeks to rethink and continue the legacy of this iconic architectural movement. Studio MK27's projects emphasize formal simplicity and are executed with meticulous care and attention to detail.

Since 2001, when Kogan introduced a co-creation and collaborative work system, Studio MK27 has received over 250 national and international awards, including honors from the IAB (Institute of Brazilian Architects), the São Paulo Architectural Biennial, WAF, *Architectural Review,* Dedalo Minosse, Record House, Leaf, D&AD, Spark, Barbara Cappochin, Iconic, AZ, the Buenos Aires Ibero-American Architectural Biennial, the *Wallpaper* Design Award, and Prix Versailles. MK27 also represented Brazil at the Venice Biennale in 2012.

Acerca de Studio MK27

Studio MK27, ubicado en la vibrante y caótica ciudad de São Paulo, fue fundado a finales de la década de 1970 por el arquitecto Marcio Kogan. Hoy en día, el estudio está compuesto por 56 miembros, junto con numerosos colaboradores en todo el mundo.

El equipo de arquitectos, grandes admiradores de la generación del modernismo brasileño, busca replantear y dar continuidad al legado de este icónico movimiento arquitectónico. Los proyectos de Studio MK27 valoran la simplicidad formal y se ejecutan con un cuidado meticuloso y una atención extrema a los detalles.

Desde 2001, cuando Kogan implementó un sistema de co-creación y trabajo colaborativo, Studio MK27 ha recibido más de 250 premios nacionales e internacionales, incluyendo distinciones del IAB (Instituto de Arquitectos de Brasil), la Bienal de Arquitectura de São Paulo, WAF, *Architectural Review*, Dedalo Minosse, Record House, Leaf, D&AD, Spark, Barbara Cappochin, Iconic, AZ, la Bienal Iberoamericana de Arquitectura de Buenos Aires, el *Wallpaper* Design Award y el Prix Versailles. MK27 también representó a Brasil en la Bienal de Venecia de 2012.

BLOK

Québec City, Canada // Architecture: Rustic Retreat // Team project: Guillaume Fafard et Gabriel Lemelin // Contractor: Nomad Construction // Photo credit: Adrien Williams // Photo plans: Quinzhee Architecture // Engineer: MA-TH Solutions d'ingénierie

Blok is a rustic retreat ideally situated atop a natural climbing wall in the heart of Mount Le Maelstrom in Lac-Beauport, offering the perfect refuge for climbers.

With its asymmetrical form and grey stucco finish, this monolithic volume with angular edges evokes a climbing block. The irregularly arranged openings resemble climbing holds, creating a façade that, like a climbing route, guides both the gaze and the ascent. Within this square-plan layout, heated interior spaces coexist with sheltered outdoor areas, expanding the overall living area while providing an immersive experience in the heart of nature.

Blok es un refugio rústico idealmente situado en la cima de un muro de escalada natural en el corazón del Monte Le Maelstrom, en Lac-Beauport, ofreciendo un lugar perfecto para los escaladores.

Con su forma asimétrica y su acabado en estuco gris, este volumen monolítico de aristas angulares evoca un bloque de escalada. Las aberturas, dispuestas de manera irregular, recuerdan a las presas de escalada, creando una fachada que, como una vía de ascenso, guía la mirada y la subida. En este plano cuadrado, los espacios interiores calefactados conviven con áreas exteriores resguardadas, ampliando la superficie habitable y ofreciendo una experiencia inmersiva en el corazón de la naturaleza.

Entering through the truncated corner of the volume, one first encounters the outdoor spaces, sheltered from the elements and prying eyes. On the ground floor, walls are designed for climbers to practice their sport, while a spa offers a space for relaxation between training sessions. Upstairs, the terrace provides a convivial area for cooking and sharing meals, all while enjoying views of the surrounding nature.

The heated interior spaces also extend across multiple levels. On the ground floor, the bedrooms benefit from the calm and privacy of the surrounding forest. Upstairs, the living areas are flooded with natural light and offer unobstructed views of the landscape. Perched above the kitchen, a spacious mezzanine accommodates additional guests. All spaces are clad in wood, creating a harmonious visual continuity between interior and exterior areas, while contrasting with the raw, mineral character of the building's envelope.

Al entrar por la esquina truncada del volumen, se descubren primero los espacios exteriores, protegidos de los elementos y de miradas indiscretas. En la planta baja, los muros están diseñados para que los escaladores puedan practicar su deporte, mientras que un spa ofrece un espacio de relajación entre las sesiones de entrenamiento. En la planta superior, la terraza proporciona un área acogedora para cocinar y compartir comidas, todo ello mientras se contemplan los alrededores naturales.

Los espacios interiores calefactados se extienden también en varios niveles. En la planta baja, los dormitorios disfrutan de la tranquilidad y la privacidad del bosque circundante. En la planta superior, las áreas de estar se llenan de luz natural y ofrecen vistas despejadas del paisaje. Sobre la cocina, un amplio altillo acoge a más invitados. Todos los espacios están revestidos en madera, creando una continuidad visual armoniosa entre el interior y el exterior, al mismo tiempo que contrastan con el carácter bruto y mineral de la envolvente del edificio.

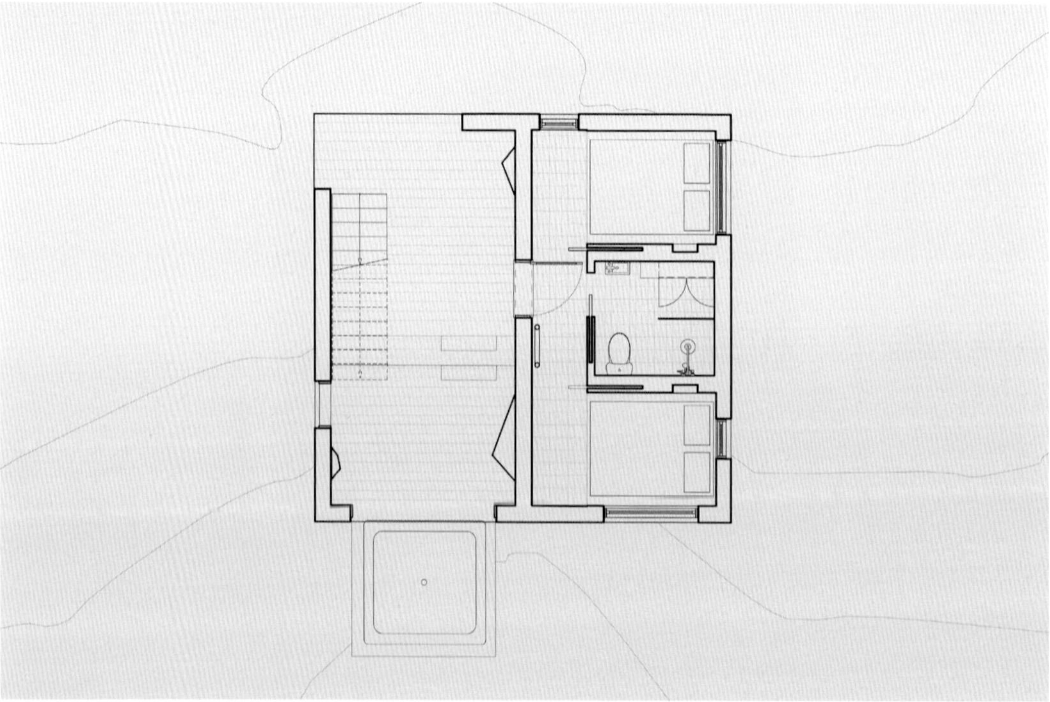

FIRST FLOOR PLAN

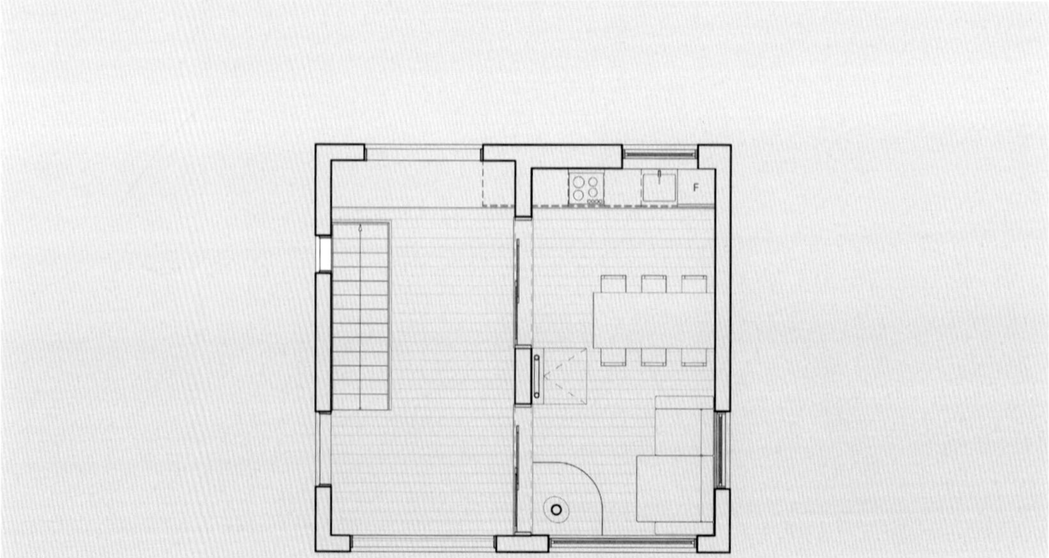

SECOND FLOOR PLAN

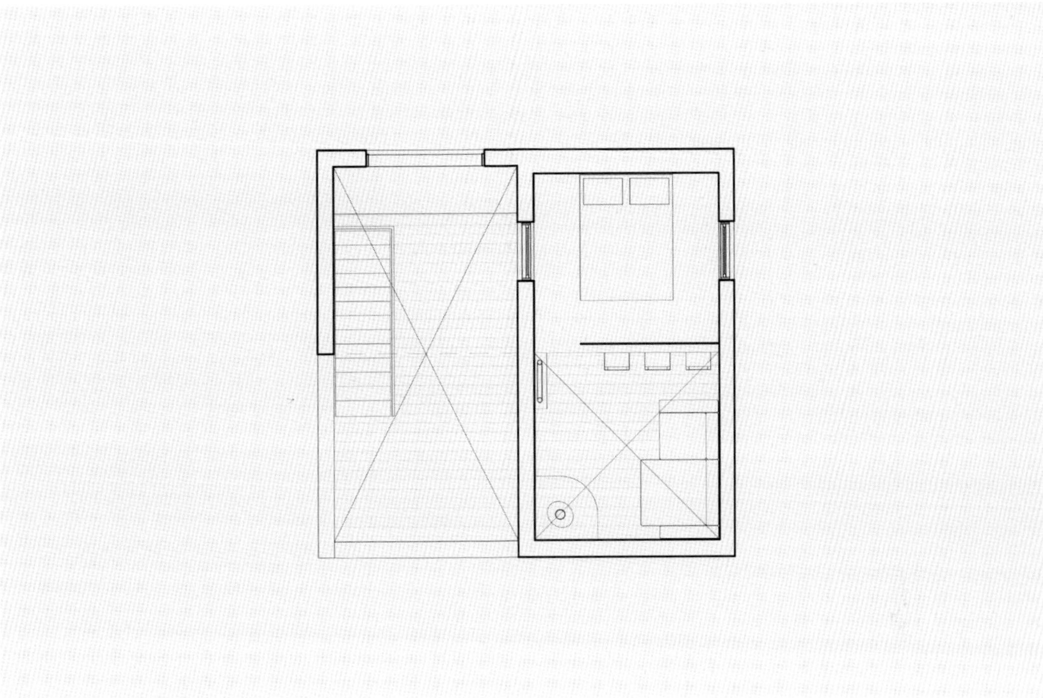

MEZZANINE FLOOR PLAN

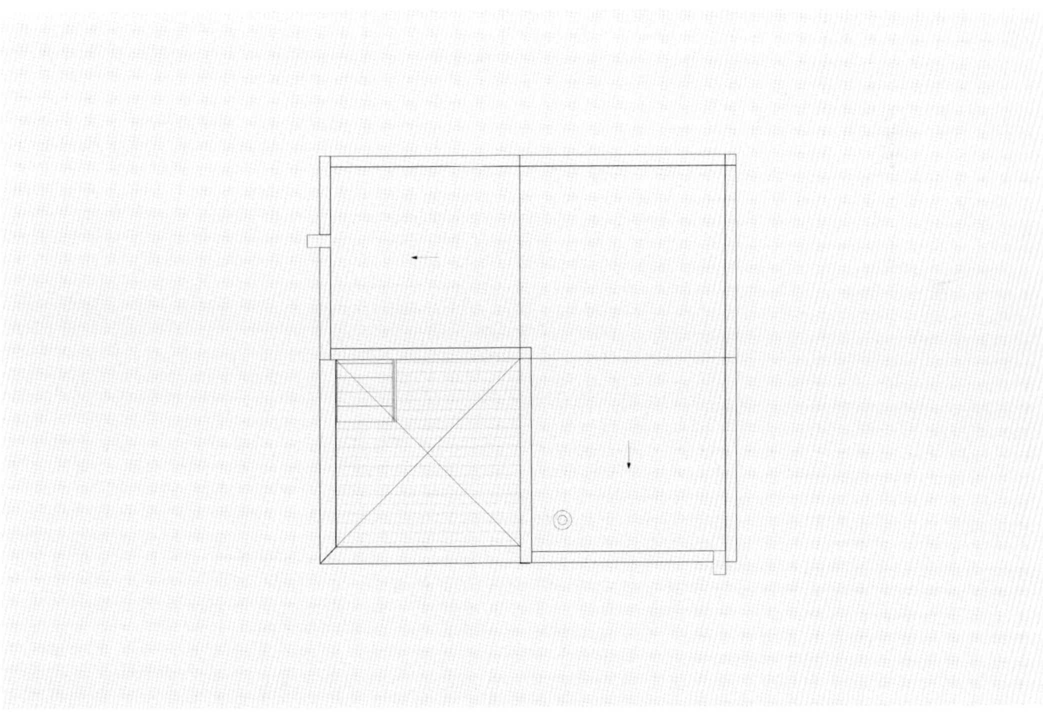

ROOF PLAN

www.quinzhee.ca/blok

www.quinzhee.ca

About Quinzhee Architecture

Founded in 2013, Quinzhee Architecture reflects the character of its namesake dwelling: playful, ecological, and Nordic. Through its projects, the firm aims to raise clients' architectural and ecological awareness by actively involving them in the creative process. For Quinzhee, communication and the sharing of ideas are essential and form the foundation of innovative, high-quality projects. By engaging all parties in considering a building's occupancy and the environment in which it will be set, the firm can fully assess the range of possibilities and identify the most promising solutions.

Driven by an insatiable thirst for creation, Quinzhee offers a diversified range of expertise, collaborating on projects of all scales—from architecture to urban planning, and from furniture design to ski manufacturing. The firm believes that combining disciplines is essential to nurturing a passion for creation.

Whether designing a house, a commercial space, an ephemeral installation, or even a piece of furniture, Quinzhee channels all its creativity to serve its clients and their objectives. From its headquarters in Quebec City's Saint-Sauveur district, the firm extends its playground far beyond the Quebec Metropolitan Community, with just one prerequisite: to enjoy designing projects in a different way.

Acerca de Quinzhee Architecture

Fundada en 2013, Quinzhee Architecture refleja el carácter de su homónima vivienda: lúdica, ecológica y nórdica. A través de sus proyectos, la firma busca sensibilizar a sus clientes sobre la arquitectura y la ecología, involucrándolos activamente en el proceso creativo. Para Quinzhee, la comunicación y el intercambio de ideas son esenciales y constituyen la base de proyectos innovadores y de alta calidad. Al involucrar a todas las partes en la reflexión sobre la ocupación del edificio y el entorno en el que se ubicará, la firma puede evaluar plenamente el abanico de posibilidades y determinar las soluciones más prometedoras.

Impulsada por una insaciable pasión por la creación, Quinzhee ofrece un campo de experiencia diversificado, colaborando en proyectos de todas las escalas: desde arquitectura hasta planificación urbana, y desde diseño de mobiliario hasta fabricación de esquís. La firma considera que la combinación de disciplinas es fundamental para nutrir la pasión por la creación.

Ya se trate de una vivienda, un espacio comercial, una instalación efímera o incluso una pieza de mobiliario, Quinzhee canaliza toda su creatividad al servicio de sus clientes y de sus objetivos. Desde su sede en el barrio Saint-Sauveur de la ciudad de Quebec, la firma extiende su campo de acción mucho más allá de la Comunidad Metropolitana de Quebec, con un único requisito: disfrutar diseñando proyectos de manera diferente.

FOREST RETREAT

Ottawa, Canada // Architecture: Kariouk Architects // Siding: Diamond Steel Roofing // Marmoleum: Forbo Flooring Systems // Photo credit: Scott Norsworthy // Laminate: Abet Laminati // Windows: Elite // Fireplace: Stûv

Kariouk Architects presents Forest Retreat, a family getaway nestled in the heart of the Ontarian forest, designed to fulfill programmatic needs while remaining deeply connected to its natural surroundings.

The clients, who live abroad, envisioned a Canadian homestead for their large family and guests. During summer and winter holidays, they wanted their children to experience the Ontario landscape in which they themselves were raised. They requested a spacious home that would comfortably accommodate teenagers, extended family, and even large dogs during long stays in this remote setting—while also fostering outdoor activities such as hiking and snowshoeing.

Kariouk Architects presenta Forest Retreat, un refugio familiar ubicado en el corazón del bosque de Ontario, diseñado para satisfacer las necesidades programáticas manteniendo al mismo tiempo una profunda conexión con su entorno natural.

Los clientes, que residen en el extranjero, imaginaron una casa de campo canadiense para su amplia familia e invitados. Durante las vacaciones de verano e invierno, deseaban que sus hijos pudieran experimentar el paisaje de Ontario en el que ellos mismos crecieron. Solicitaron una vivienda espaciosa que pudiera alojar cómodamente a adolescentes, familiares y hasta perros grandes durante largas estancias en este entorno remoto, y que además fomentara actividades al aire libre como el senderismo y las caminatas con raquetas de nieve.

Historically, the Canadian identity has been shaped by our relationship with the land. Fulfilling the client's mandate, the home honors this emotional connection not only through visual and material harmony with its surroundings, but also through responsible material sourcing, site-sensitive design, and energy-efficient systems.

A key contribution of the project to the area is its preservation of nearly the entire landscape it occupies: an existing rocky terrain overlooking a wildflower meadow, which allowed for the avoidance of tree removal. Almost all of the natural habitat across the 100-acre property has been preserved, including its wetlands.

Históricamente, la identidad canadiense se ha definido por nuestra relación con la tierra. Cumpliendo con el encargo del cliente, la casa honra esta conexión emocional no solo a través de la armonía visual y material con su entorno, sino también mediante el uso responsable de los materiales, un diseño sensible al sitio y sistemas de eficiencia energética.

Una contribución clave del proyecto a la zona es la preservación de casi todo el paisaje que ocupa: un terreno rocoso existente con vistas a un prado de flores silvestres, lo que permitió evitar la tala de árboles. Casi todo el hábitat natural de la propiedad de 100 acres se ha conservado, incluidos sus humedales.

UNDER ONE ROOF

A key objective of the design was to achieve a contemporary sense of warmth while avoiding modernist, box-like forms. The home's continuous layout, with only the bedrooms and bathrooms enclosed, supports the family's sense of closeness. The parents' and communal areas are located on the main level, while the children's bedrooms form a single slate-clad volume, suspended 12 meters above the main floor by the ridge beam and accessed via a catwalk.

The most distinctive feature of the design is the long, copper-clad, tent-like roof, which follows the natural topography of the site. A primary technical challenge was the roof's structure, which, despite its 60-meter length, was engineered to appear light and airy. At the entry side of the house, the roof lifts like a bird's wing off the garage volume below, sheltering an outdoor terrace.

The roof and its oak-clad ridge beam guide the meandering circulation path through the interior, ultimately opening up a view toward the forest.

BAJO UN MISMO TECHO

Un objetivo clave del diseño fue lograr una sensación contemporánea de calidez, evitando al mismo tiempo las formas modernistas y cuadriculadas. La distribución continua de la casa, con solo los dormitorios y baños cerrados, favorece la cercanía familiar. Las áreas comunes y de los padres se encuentran en el nivel principal, mientras que los dormitorios de los niños forman un único volumen revestido en pizarra, suspendido 12 metros sobre el piso principal por la viga cumbrera y accesible mediante un pasarela.

El elemento más distintivo del diseño es el largo techo en forma de tienda, revestido en cobre, que sigue la topografía natural del terreno. Uno de los principales desafíos técnicos fue la estructura del techo, que, a pesar de sus 60 metros de longitud, fue diseñada y estructurada para parecer ligera y aérea. En el lado de la entrada de la casa, el techo se eleva como el ala de un pájaro sobre el volumen del garaje, protegiendo una terraza exterior.

El techo y su viga cumbrera revestida en roble guían el recorrido sinuoso a través del interior de la vivienda, abriendo finalmente la vista hacia el bosque.

A CONTEMPORARY APPROACH TO WARMTH AND CLOSENESS

This project established a benchmark for a finer, more considered level of craft and materiality. The development of the home's design reinterprets the client's brief for "rusticity" by emphasizing the "mark of the hand," rather than attempting to replicate an aesthetic from a pre-industrial era. Contemporary construction is heavily reliant on technology and mass-produced components, yet this project demonstrates how "human craft" can still be expressed.

The home celebrates the "mark of the hand" through the extensive use of exposed steel fittings fabricated by local tradespeople and custom-made panels for walls and ceilings crafted by local woodworkers, including the adaptation of traditional slate roofing patterns—here applied to walls. The goal is not to reject modern building methods, as some heavy timber post-and-beam homes might, but rather to bring soulfulness to the home by thoughtfully resolving details in person and by hand, rather than solely on a computer screen.

UN ENFOQUE CONTEMPORÁNEO DE CALIDEZ Y CERCANÍA

Este proyecto estableció un referente para un nivel más refinado y cuidado de la artesanía y la materialidad. El desarrollo del diseño de la casa reinterpreta el encargo del cliente de "rusticidad", poniendo énfasis en la "marca de la mano" en lugar de intentar replicar una estética de la era preindustrial. La construcción contemporánea depende en gran medida de la tecnología y de componentes producidos en masa, pero este proyecto demuestra cómo aún es posible expresar la "artesanía humana".

La casa celebra la "marca de la mano" mediante el uso extensivo de herrajes de acero expuestos fabricados por artesanos locales y paneles personalizados para paredes y techos elaborados por carpinteros de la zona, incluyendo la adaptación de patrones tradicionales de techado en pizarra, aplicados aquí a las paredes. El objetivo no es rechazar los métodos de construcción modernos, como podrían hacer algunas casas de madera pesada con estructura de postes y vigas, sino aportar alma a la vivienda resolviendo los detalles personalmente y a mano, en lugar de únicamente en una pantalla de ordenador.

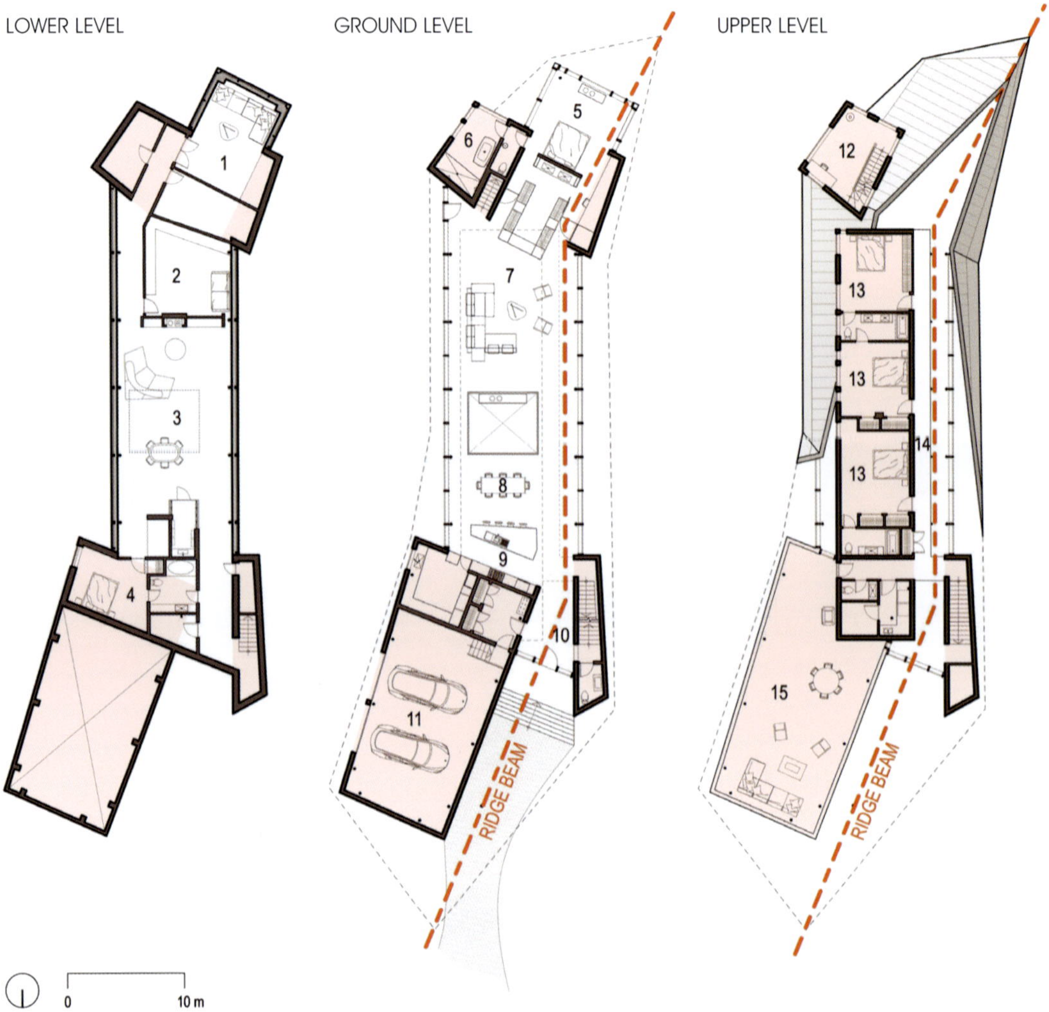

1. Theatre
2. Computer room
3. Games room
4. Guest room
5. Master bedroom
6. Ensuite
7. Living area
8. Dining area
9. Kitchen
10. Entry
11. Garage
12. Study
13. Bedroom
14. Catwalk
15. Exterior terrace
16. Music room

ROOF PLAN

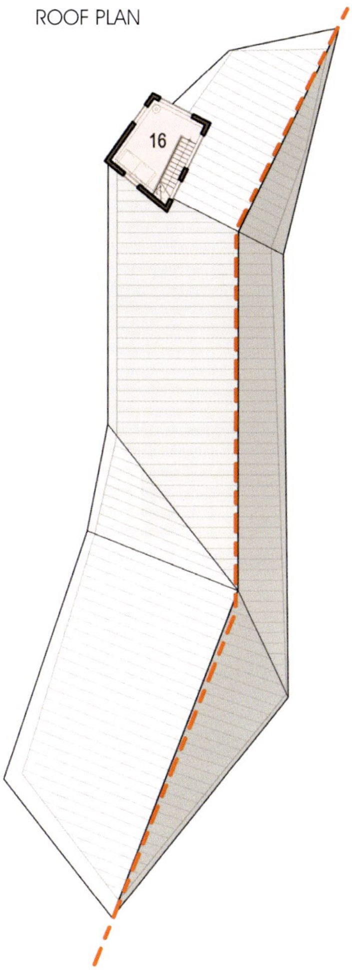

SUSTAINABILITY

We have approached sustainability on several fronts in this project.

One key strategy is habitat preservation. The home was built on an already cleared hilltop site, overlooking 100 acres of forests, meadows, and wetlands. This not only avoided cutting down trees for construction, but also makes the homeowners custodians of extensive natural habitats that provide shelter for birds and other wildlife.

The second main approach to sustainability is reducing the home's carbon footprint by maximizing its lifespan, primarily through the use of highly durable materials, robust construction methods, exquisite custom craftsmanship, and beautiful yet practical design. The hope is that the home's simple yet enduring beauty will ensure it is cherished for many years, even if it changes ownership. Several details support this intention, including exposed steel fittings fabricated by local tradespeople and custom-made panels for walls and ceilings by local woodworkers—some echoing the slate tiles used on the exterior. Should the home ever be remodeled or even demolished, many of these materials would be suitable for reuse.

SOSTENIBILIDAD

En este proyecto, hemos abordado la sostenibilidad desde varios frentes.

Una estrategia clave es la preservación del hábitat. La casa se construyó en un terreno en la cima de una colina ya despejada, con vistas a 100 acres de bosques, praderas y humedales. Esto no solo evitó la tala de árboles para la construcción, sino que también convierte a los propietarios en custodios de extensos hábitats naturales que proporcionan refugio a aves y otros animales salvajes.

El segundo enfoque principal de sostenibilidad es reducir la huella de carbono de la vivienda mediante la maximización de su vida útil, principalmente a través del uso de materiales altamente duraderos, métodos de construcción robustos, artesanía personalizada y exquisita, y un diseño hermoso pero práctico. La esperanza es que la belleza simple pero perdurable de la casa haga que sea apreciada durante muchos años, incluso si cambia de dueño. Varios detalles apoyan esta intención, como los herrajes de acero expuestos fabricados por artesanos locales y los paneles personalizados para paredes y techos elaborados por carpinteros de la zona, algunos de los cuales recuerdan las tejas de pizarra utilizadas en el exterior. Si la casa fuera remodelada o incluso demolida, muchos de estos materiales podrían reutilizarse.

CROSS SECTION PERSPECTIVE

SUSTAINABILITY

The other half of the lifespan equation is the use of durable materials that will preserve the building envelope with minimal to no maintenance. Canadian slate and sustainably harvested Canadian white oak were the primary materials used. (The fact that they are also locally sourced further reduces the carbon footprint associated with transportation.)

The home also employs several strategies to reduce energy consumption. The roof is highly insulated, and the glass walls are triple-glazed, which significantly reduces energy loss. The deep roof overhang also minimizes passive solar gain during the summer. Heating and cooling are provided by a geothermal heat pump. Since it is powered by electricity, a geothermal heat pump has a much lower carbon footprint than the most common heating method, natural gas—a fossil fuel (Ontario's electrical grid is currently about 90% GHG-free). Geothermal systems can operate efficiently at much lower temperatures than air-source heat pumps and use less electricity. Additionally, the fixtures and septic system are high-efficiency, ensuring responsible water use.

Forest Retreat fulfills the client's mandate by honoring their emotional connection to the land through visual and material harmony with the surrounding landscape.

SOSTENIBILIDAD

La otra parte de la ecuación de la vida útil es el uso de materiales duraderos que preserven la envolvente de la vivienda con un mantenimiento mínimo o nulo. Los principales materiales utilizados fueron la pizarra canadiense y la madera de roble blanco canadiense obtenida de forma sostenible. (El hecho de que también sean locales reduce aún más la huella de carbono asociada al transporte).

La casa también emplea varias estrategias para reducir el consumo energético. El techo está muy bien aislado y las paredes de vidrio son de triple acristalamiento, lo que reduce significativamente la pérdida de energía. El profundo alero del techo también minimiza la ganancia solar pasiva durante el verano. La calefacción y refrigeración se proporcionan mediante una bomba de calor geotérmica. Al funcionar con electricidad, una bomba de calor geotérmica tiene una huella de carbono mucho menor que el método de calefacción más común, el gas natural, un combustible fósil (la red eléctrica de Ontario es actualmente aproximadamente un 90 % libre de GEI). Los sistemas geotérmicos pueden operar de manera eficiente a temperaturas mucho más bajas que las bombas de calor aire-aire y consumen menos electricidad. Además, los grifos y el sistema séptico son de alta eficiencia, garantizando un uso responsable del agua.

Forest Retreat cumple con el encargo del cliente al honrar su conexión emocional con la tierra mediante la armonización visual y material con el paisaje circundante.

www.kariouk.com

About Kariouk Architects

While many architecture firms pride themselves on having a signature style that sets them apart from their competition, Kariouk Architects takes pride in the fact that we do not have a single, identifiable "look" that defines us.

If anything, our signature is that no two of our projects look the same. We approach each creative undertaking with a fresh perspective, so our final results are always guided by a unique set of criteria and sources of inspiration. It is deeply important to us to understand the nuances of the lives—and therefore the needs—of the unique individuals for whom we design.

Acerca de Kariouk Architects

Mientras que muchas firmas de arquitectura se enorgullecen de tener un estilo propio que las distingue de la competencia, Kariouk Architects se enorgullece de no tener un "look" único que nos defina.

Si acaso, nuestro sello distintivo es que ninguno de nuestros proyectos se parece a otro. Abordamos cada proyecto creativo con una perspectiva nueva, por lo que los resultados finales siempre están guiados por un conjunto único de criterios e inspiraciones. Para nosotros es fundamental comprender las particularidades de la vida —y, por tanto, las necesidades— de los individuos únicos para quienes diseñamos.

ITAÚNA HOUSE

Rio de Janeiro, Brazil // Architecture: Siqueira+Azul // Architect: Felipe Siqueira // Lead Architect: Lia Siqueira // Engineering: Stewart Engenharia // Photo credit: André Nazareth and Ruy Teixeira // Manufacturers: AutoDesk, Deca, Dimlux, FLOS, Lightworks, Trimble Navigation // Lighting Design: Maneco Quinderé // Landscape Architecture: Isabel Duprat Arquitetura Paisagística // Structural Design: Abilitá // Windows: Panoramah! // Waterproofing: Cetimper

Within the project's lot lies an original Oscar Niemeyer house; it is compact, reflecting its metropolitan location. Through the acquisition of the adjacent property, the resulting intervention and expansion transformed the urban landscape, creating a garden defined by vertical and horizontal lines that echo its surroundings. A new leisure annex was constructed on an expressive plane that extends, seemingly hovering, between the pool and the garden.

Dentro del terreno del proyecto se encuentra una casa original de Oscar Niemeyer; es compacta, acorde con su ubicación metropolitana. Con la adquisición de la propiedad contigua, la intervención y ampliación resultante transformaron el paisaje urbano, dando lugar a un jardín definido por líneas verticales y horizontales que hacen eco de su entorno. Se construyó un nuevo anexo de ocio sobre un plano expresivo que se extiende, aparentemente suspendido, entre la piscina y el jardín.

Developed as three independent structures, the project is fully interconnected by pathways, passages, walkways, and stairs, achieving complete integration. The interior architectural elements were adapted, giving rise to a new form of spatial appropriation.

The façades of the main existing blocks feature a new element—large pivoting panels—enabled by a custom structural system composed of an iron square mesh. A long bench is designed to define the edges of the slabs where indoor and outdoor spaces flow seamlessly.

The circular oculus serves as both an observation opening and a source of additional light, offering a view into the upper courtyard. The vertical circulation is articulated by a helical staircase leading to the tower element with large sliding glass panels.

The leisure annex is constructed from natural materials. Stone and concrete define its character, while boundaries are articulated through variations in plane and material use, contrasting with the continuity of the overall aesthetic.

Desarrollado como tres construcciones independientes, el proyecto está completamente interconectado mediante pasajes, caminos, pasarelas y escaleras, logrando una integración total. Los elementos arquitectónicos interiores fueron adaptados, dando lugar a una nueva forma de apropiación del espacio.

Las fachadas de los principales bloques existentes incorporan un nuevo elemento: grandes paneles pivotantes, posibles gracias a un sistema estructural personalizado compuesto por una malla cuadrada de hierro. Un largo banco está diseñado para delimitar los bordes de las losas donde los espacios interiores y exteriores fluyen de manera continua.

El óculo circular funciona tanto como abertura de observación como fuente de luz adicional, ofreciendo una vista hacia el patio superior. La circulación vertical se articula mediante una escalera helicoidal que conduce al elemento torre, equipado con grandes paneles de vidrio corredizos.

El anexo de ocio está construido con materiales naturales. La piedra y el concreto definen su carácter, mientras que los límites se marcan mediante variaciones en los planos y en el uso de los materiales, en contraste con la continuidad estética general.

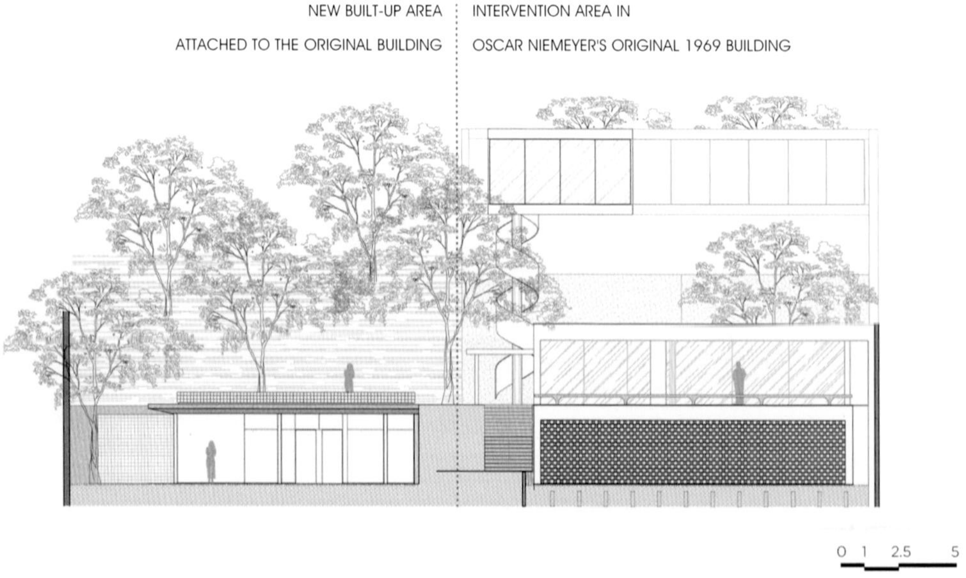

SECTION A

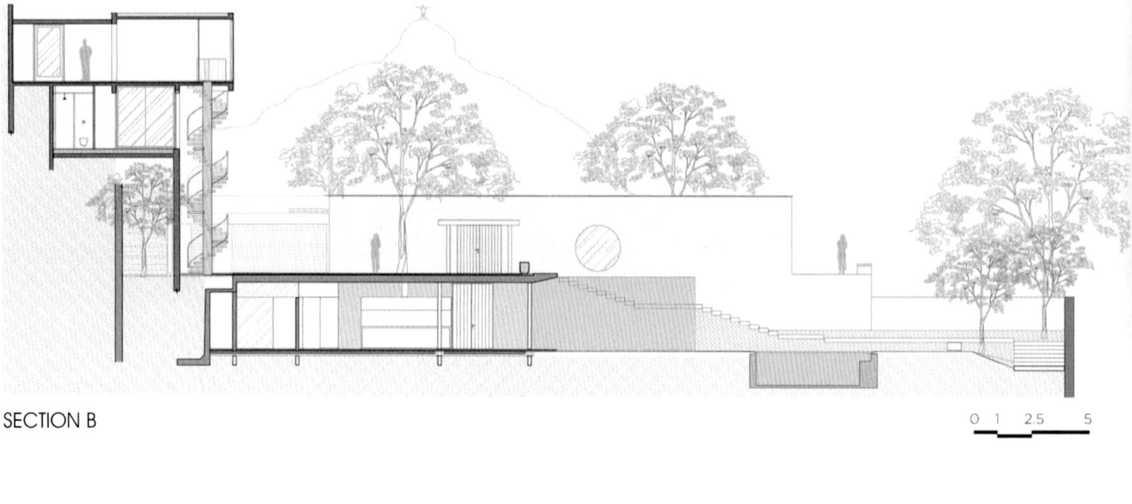

SECTION B

1. Acces
2. Patio
3. Living / Dining room
4. Balcony
5. Kitchen
6. Services

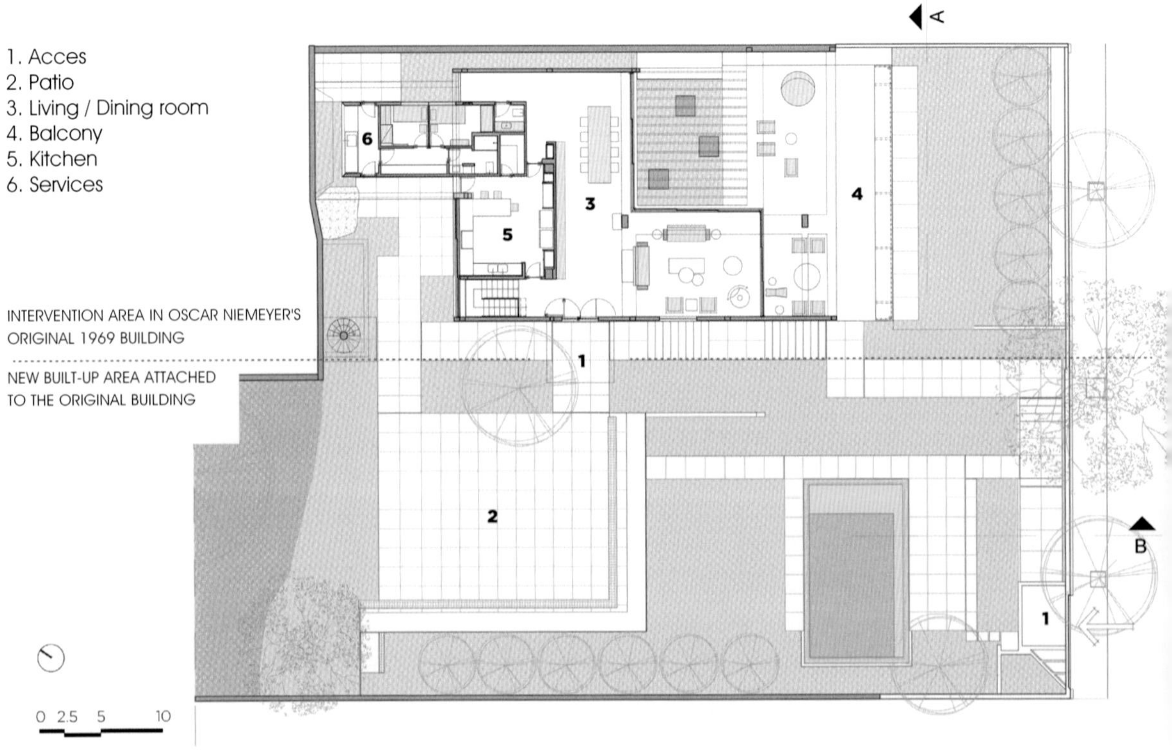

UPPER FLOOR PLAN

7. Private room
8. Bedrooms
9. Recreation area

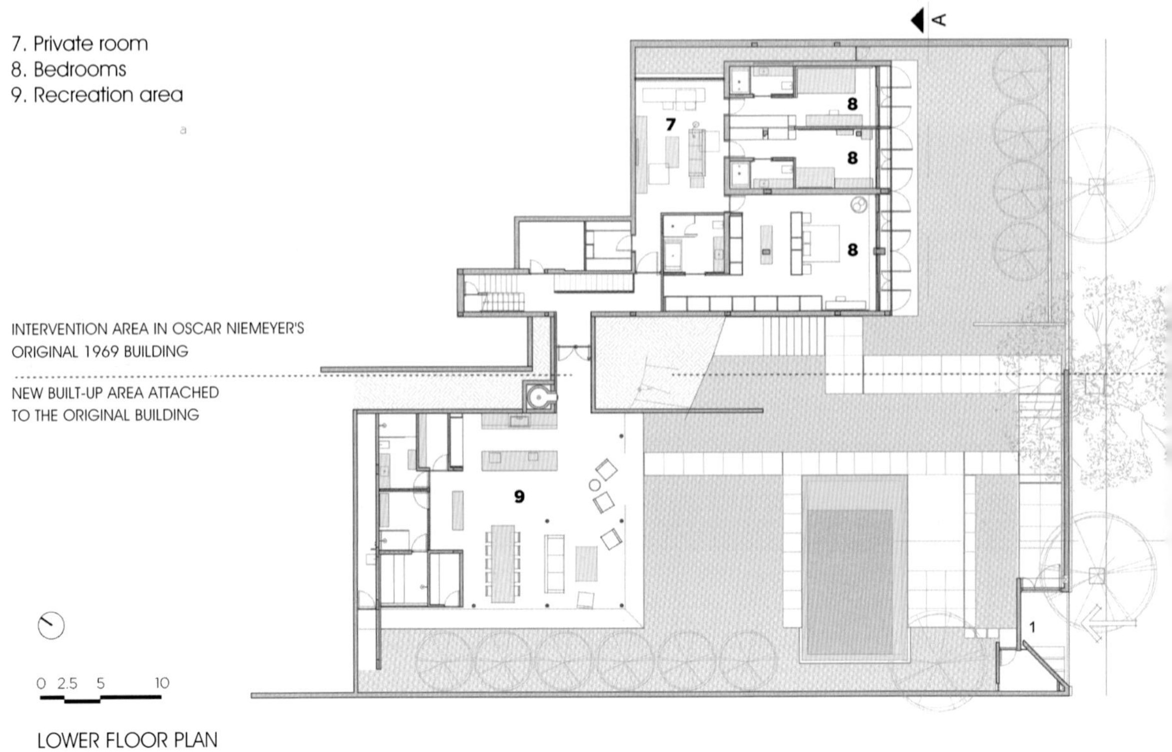

LOWER FLOOR PLAN

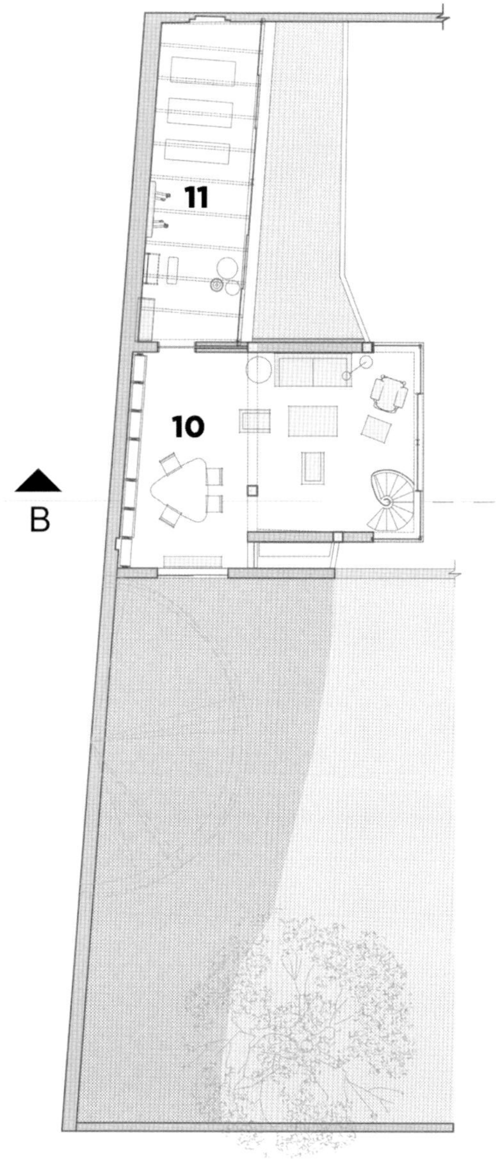

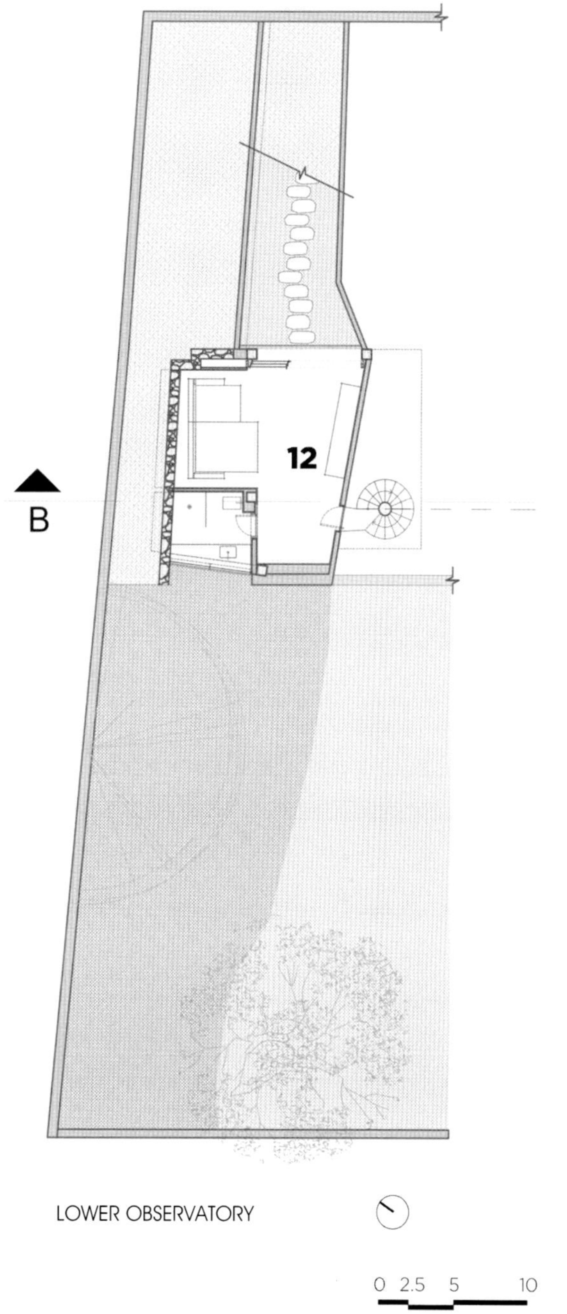

UPPER OBSERVATORY

10. Office
11. Gym
12. Guest bedroom

LOWER OBSERVATORY

www.siqueira-azul.com.br

About Siqueira+Azul

Siqueira+Azul Architecture Studio was founded in 1986 by Lia Siqueira. With professionals based in both Rio de Janeiro and São Paulo, the studio develops residential and commercial architecture projects, as well as interior and furniture design, both in Brazil and internationally.

Acerca de Siqueira+Azul

El estudio de arquitectura Siqueira+Azul fue fundado en 1986 por Lia Siqueira. Con profesionales radicados tanto en Río de Janeiro como en São Paulo, el estudio desarrolla proyectos de arquitectura residencial y comercial, así como diseño de interiores y mobiliario, tanto en Brasil como en el extranjero.

M.O.R.E. CLT CABIN

Ottawa, Canada // Architecture: Kariouk Architects // Photo credit: Scott Norsworthy, Kariouk Architects and Kevin Belanger // Wood fireplace: Stûv // Flooring: Forbo Flooring Systems // Roofing and siding: Diamond Steel Roofing // Doors and Windows (aluminum, double glazed): Elite // Interior Lighting: Juno // Interior 3-ply CLT walls: Zublin Timber

The paradigmatic North American cottage is often romanticized as a log cabin in the wilderness. In reality, these cottages are "woodsy" versions of suburban homes and include every modern convenience. Such buildings help sustain the myth that by appearing to be at one with the land, their owners are minimizing their environmental impact.

The m.o.r.e. CLT Cabin subverts this idea through a deliberate separation from the landscape, while being constructed in a manner that is far more sustainable than typical cottages. This intention to challenge eco-fictions is not born of cynicism, but of responsible optimism. While all natural environments continue to face degradation, what remains can be engaged with in a more conscientious and thoughtful way.

El paradigma de la cabaña norteamericana se suele romantizar como una cabaña de troncos en medio del bosque. En realidad, estas cabañas son versiones "boscosas" de las casas suburbanas y cuentan con todas las comodidades modernas. Estas construcciones contribuyen a mantener el mito de que, al parecer estar en armonía con la naturaleza, sus propietarios reducen su impacto ambiental.

La m.o.r.e. CLT Cabin subvierte esta idea mediante una separación deliberada del paisaje, construida de manera mucho más sostenible que las cabañas típicas. Esta intención de cuestionar las "eco-ficciones" no nace del cinismo, sino de un optimismo responsable. Aunque todos los entornos naturales continúan degradándose, lo que queda puede ser aprovechado de manera más consciente y cuidadosa.

The m.o.r.e. CLT Cabin touches the land lightly, engaging flora and fauna as equal partners and co-inhabitants. The cabin pursues this goal in several ways:

• Interpreting the law creatively to uphold its principles.

• Using a steel mast to minimize the size of the foundation.

• Employing a low-waste cross-laminated timber (CLT) structure.

• Utilizing a "folded" structure for greater tensile strength.

• Operating off-grid with high-efficiency heating.

• Creating a habitat for endangered local bats.

This simple building contains no superfluous elements in fulfilling its purpose of providing human shelter. Although minimal in its components, it demonstrates how a nuanced consideration of legal codes, building technology, structural design, and ethics can intersect to produce an unexpected and meaningful outcome.

The appearance of this "simple" home did not emerge from a conventional design-studio process, but as the result of intertwining our foundational knowledge of structures, technology, and professional practice.

La m.o.r.e. CLT Cabin toca la tierra con ligereza, involucrando a la flora y fauna como socios e inquilinos iguales. La cabaña persigue este objetivo de varias maneras:

• Interpretando la ley de manera creativa para respetar sus principios.

• Utilizando un mástil de acero para reducir el tamaño de la cimentación.

• Empleando una estructura de madera laminada cruzada (CLT) de bajo desperdicio.

• Utilizando una estructura "plegada" para mayor resistencia a la tracción.

• Funcionando de manera autónoma con calefacción de alta eficiencia.

• Creando un hábitat para murciélagos locales en peligro de extinción.

Este edificio sencillo no contiene elementos superfluos en su función de proporcionar refugio humano. Aunque minimalista en sus componentes, demuestra cómo una consideración matizada de los códigos legales, la tecnología constructiva, el diseño estructural y la ética puede combinarse para producir un resultado inesperado y significativo.

La apariencia de este hogar "simple" no surgió de un proceso convencional de estudio de diseño, sino como resultado de entrelazar nuestro conocimiento fundamental sobre estructuras, tecnología y práctica profesional.

ABOUT THE NAME

The project's name, m.o.r.e., is derived from the first initials of the clients' grandmothers. These four women, all immigrants who led challenging yet joyous lives, were instrumental in nurturing skills that embraced the philosophy of achieving more with less—and doing so graciously.

INTERPRETING THE LAW WITH FINESSE

Zoning regulations for this area required a 100-foot (30-meter) setback from the lake. A cliff face at that 100-foot mark was incorporated into the design, whereas it would normally have been blasted.

To minimize harm to the immediate hillside and forest, a zoning variance was sought to allow the front of the m.o.r.e. CLT Cabin to extend over the 75-foot (23-meter) mark. After a two-year legal challenge, the variance was granted, and the solution—honoring the spirit of the setback—was accepted.

SOBRE EL NOMBRE

El nombre del proyecto, m.o.r.e., se deriva de las iniciales de las abuelas de los clientes. Estas cuatro mujeres, todas inmigrantes que llevaron vidas difíciles pero llenas de alegría, fueron fundamentales en el desarrollo de habilidades que abrazaban la filosofía de lograr más con menos—y hacerlo de manera generosa.

INTERPRETANDO LA LEY CON DESTREZA

Las normas de zonificación de esta zona requerían un retiro de 100 pies (30 metros) desde el lago. Una pared de acantilado en ese límite de 100 pies fue incorporada al diseño, cuando normalmente habría sido volada.

Para minimizar el impacto en la ladera y el bosque circundante, se solicitó una excepción de zonificación que permitiera que la parte frontal de la m.o.r.e. CLT Cabin se extendiera hasta el límite de 75 pies (23 metros). Tras un desafío legal de dos años, se concedió la excepción y se aceptó la solución, que respetaba el espíritu del retiro exigido por la normativa.

THE MAST

The technical solution to the environmental challenge involved a single concrete footing and a steel "mast" positioned within the required setback.

Avoiding a conventional, large foundation preserved the watershed's flora and soil, preventing erosion, as did elevating the construction above the hillside. Since concrete is one of the largest sources of emissions in construction, minimizing its use significantly reduced the project's carbon footprint.

EL MÁSTIL

La solución técnica al desafío ambiental consistió en una única cimentación de hormigón y un "mástil" de acero colocado dentro del retiro obligatorio.

Evitar una cimentación convencional y de gran tamaño preservó la flora y el suelo de la cuenca, previniendo la erosión, al igual que la elevación de la construcción sobre la ladera. Dado que el hormigón es una de las mayores fuentes de emisiones en la construcción, minimizar su uso redujo significativamente la huella de carbono del proyecto.

m.o.r.e. THAN ONE WAY TO SKIN A HOME

The *m.o.r.e.* CLT Cabin is constructed using responsibly sourced CLT panels and glulam beams. The CLT was entirely milled offsite and then hoisted into place, minimizing construction time and preventing damage to the landscape from the movement of construction machinery. All building materials were sized to fit on a small short-trailer truck, avoiding the need to fell trees along the access road.

CABIN-AS-BEAM

The environmental considerations of the *m.o.r.e.* CLT Cabin led to structural innovation. Achieving the zoning variances through the cantilever would normally require the use of glulam, which is very strong under tension but would have resulted in wasteful structural framing. The challenge became developing a structural strategy to use the CLT panels in tension.

Conventional 5-ply CLT is too heavy to support itself over longer spans. The solution employed thinner 3-ply CLT, with structural capacity ensured through "folding"—similar to how paper gains strength when folded.

m.o.r.e. MÁS DE UNA FORMA DE CONSTRUIR UNA CASA

La *m.o.r.e.* CLT Cabin está construida con paneles de CLT y vigas laminadas encoladas (glulam) obtenidos de manera responsable. Todo el CLT se mecanizó fuera del sitio y luego se izó en su lugar, minimizando el tiempo de construcción y evitando daños en el paisaje por el movimiento de la maquinaria. Todos los materiales de construcción se dimensionaron para caber en un pequeño remolque, evitando la tala de árboles a lo largo del camino de acceso.

LA CABAÑA COMO VIGA

Las consideraciones ambientales de la m.o.r.e. CLT Cabin dieron lugar a innovaciones estructurales. Cumplir con las excepciones de zonificación mediante el voladizo normalmente requeriría el uso de glulam, que es muy resistente a la tensión, pero habría generado un entramado estructural derrochador. El desafío fue desarrollar una estrategia estructural para utilizar los paneles de CLT en tensión.

El CLT convencional de 5 capas es demasiado pesado para sostenerse sobre luces largas. La solución empleó CLT de 3 capas más delgado, con la capacidad estructural garantizada mediante un "plegado", de manera similar a cómo el papel gana resistencia al ser doblado.

CLT STRUCTURAL FOLD
WINDOWS
CLT GLULAM
BOX BEAM
ENTRY RAMP
CLT STRUCTURAL FOLD
STEEL MAST
BAT HOUSES
WITHIN MAST
CONVENTIONAL 100'-0"
SETBACK FROM LANE
GRANTED SETBACK

OFF-GRID

The home is powered by solar units. For cooling, the cottage makes excellent use of breezes and cross-ventilation, aided by its 12-foot interior height and additional elevation above the lake. Although the cabin is raised approximately 20 meters above the ground, its south-facing glazed wall is shaded during the warmer months by the surrounding tree canopy. In winter, the bare branches allow ample sunlight to enter through the large windows, helping to warm the home.

The CLT provides good R-value and thermal comfort due to its mass and airtightness, which results from precise joinery. Heat is supplied by a high-efficiency "green carbon" wood stove—since wood is not a fossil fuel extracted from deep underground, it does not contribute additional carbon to the existing cycle.

FUERA DE LA RED

La vivienda funciona con unidades solares. Para refrigerarse, la cabaña aprovecha al máximo las brisas y la ventilación cruzada, gracias a su altura interior de 12 pies y a su elevación adicional sobre el lago. Aunque la cabaña está levantada aproximadamente 20 metros sobre el suelo, su pared acristalada orientada al sur queda sombreada durante los meses más cálidos por el dosel de los árboles circundantes. En invierno, las ramas desnudas permiten que entre abundante luz solar a través de las grandes ventanas, ayudando a calentar la casa.

El CLT proporciona un buen valor R y confort térmico debido a su masa y hermeticidad, resultado de la precisión en las uniones. La calefacción se suministra mediante una estufa de leña de alta eficiencia de "carbono verde"; dado que la madera no es un combustible fósil extraído del subsuelo, no añade carbono adicional al ciclo existente.

BROWN BATS: WELCOMING THE NEIGHBORS

One goal of the home was to provide extensive habitat for endangered brown bats. Bat pods were integrated into the mast to offer safety from climbing predators and a clear flight path to the lake.

MURCIÉLAGOS MARRONES: DANDO LA BIENVENIDA A LOS VECINOS

Uno de los objetivos de la vivienda fue proporcionar un hábitat extenso para los murciélagos marrones en peligro de extinción. Se integraron cápsulas para murciélagos en el mástil, ofreciendo seguridad frente a depredadores trepadores y un camino de vuelo despejado hacia el lago.

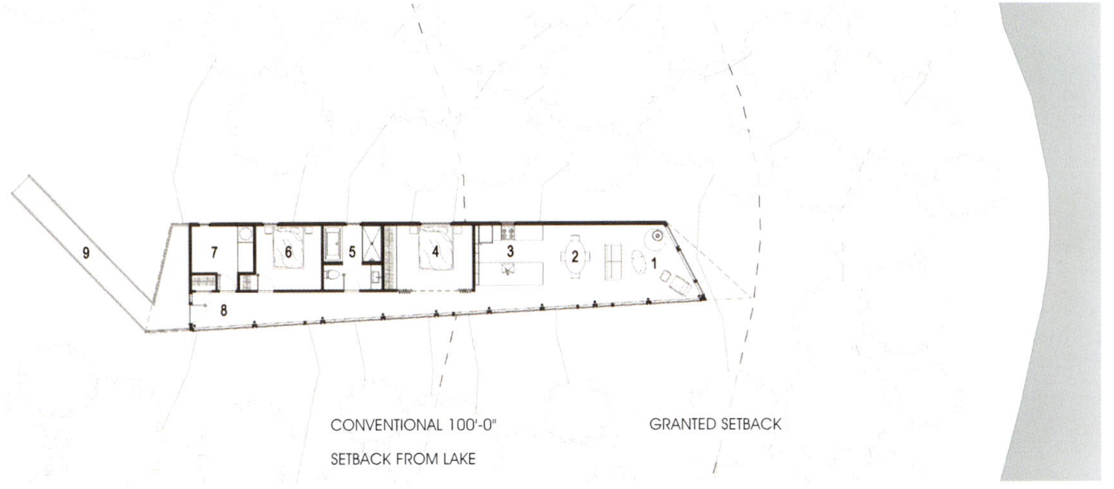

SITE PLAN

1. Living area
2. Dining area
3. Kitchen
4. Master bedroom
5. Bathroom
6. Guest room
7. Utility room
8. Entry
9. Entry ramp

www.kariouk.com

About Kariouk Architects

While many architecture firms pride themselves on having a signature style that distinguishes them from their competition, Kariouk proudly stands behind the fact that they do not have a single, identifiable "look" that defines them.

If anything, the firm's signature is that no two projects look the same. Because they approach each creative undertaking with a fresh perspective, the final results are always guided by an entirely different set of criteria and sources of inspiration. It is deeply important that Kariouk understands the nuances of the lives—and therefore the needs—of the unique individuals for whom they design.

Acerca de Kariouk Architects

Mientras que muchas firmas de arquitectura se enorgullecen de tener un estilo propio que las distingue de la competencia, Kariouk se enorgullece de no tener un "look" único que los defina.

Si acaso, su sello distintivo es que ninguno de sus proyectos se parece a otro. Al abordar cada proyecto creativo con una perspectiva fresca, los resultados finales siempre se guían por un conjunto completamente diferente de criterios e inspiraciones. Para Kariouk es fundamental comprender las particularidades de la vida —y, por tanto, las necesidades— de los individuos únicos para quienes diseñan.

SYSTEM 02

Vancouver, Canada // Architecture: The Backcountry Hut Company // Photo credit: Julian Parkinson, Adrien Williams and Russell Dalby // Award: Construction Product Design of the Year // Lead Designer: Michael Leckie and Wilson Edgar // Other Credits: Leckie Studio Architecture + Design

The Backcountry Hut Company is thrilled to announce that its innovative System 02 cabin, created in collaboration with the acclaimed designers at Leckie Studio, has won Construction Product Design of the Year at the prestigious BLT Design Awards. This international accolade celebrates excellence in architecture and construction, recognizing projects and products that push the industry forward. The award underscores The Backcountry Hut Company's role as a thought leader in the prefab and modular space, delivering solutions that exemplify innovation, sustainability, and global impact.

The Backcountry Hut Company se complace en anunciar que su innovadora cabaña System 02, creada en colaboración con los reconocidos diseñadores de Leckie Studio, ha sido galardonada con el premio a Construction Product Design of the Year en los prestigiosos BLT Design Awards. Este reconocimiento internacional celebra la excelencia en arquitectura y construcción, destacando proyectos y productos que impulsan el avance de la industria. Este premio subraya el papel de The Backcountry Hut Company como líder de pensamiento en el ámbito de la prefabricación y la modularidad, ofreciendo soluciones que ejemplifican innovación, sostenibilidad y un impacto global.

The System 02 is a testament to The Backcountry Hut Company's commitment to redefining what's possible in prefabricated structures. Known for its versatility, the System 02 stands out as one of the most adaptable cabin kits available, featuring a modular design that can be configured in multiple ways and sizes. With more than 25 installations across Canada and the U.S., ranging from 691 to 1,826 square feet, this cabin can be completed in just 4–6 weeks. Its rapid assembly time exemplifies the efficiency of modern modular building techniques, representing a significant advancement over traditional construction methods.

El System 02 es un testimonio del compromiso de The Backcountry Hut Company con la redefinición de lo que es posible en las estructuras prefabricadas. Reconocido por su versatilidad, el System 02 se destaca como uno de los kits de cabaña más adaptables disponibles, con un diseño modular que puede configurarse de múltiples maneras y tamaños. Con más de 25 instalaciones en Canadá y Estados Unidos, que van desde 64 m² hasta 170 m², esta cabaña puede completarse en tan solo 4–6 semanas. Su rápido tiempo de montaje ejemplifica la eficiencia de las técnicas modernas de construcción modular, representando un avance significativo respecto a los métodos tradicionales de construcción.

www.thebackcountryhutcompany.com

About The Backcountry Hut Company

The Backcountry Hut Company designs compact, modernist recreational structures that are environmentally conscious and built to rigorous standards. Their prefabricated, flat-packed systems can be customized for various uses and landscapes, emphasizing self-assembly and communal construction. Founded in 2015 in Vancouver, BC, the company was born from a passion for the outdoors and a desire to create sustainable, functional spaces for adventure seekers. Shipping is available within Canada and the U.S.

"This award is an incredible honor for our team," said Wilson Edgard, Co-founder. "We are grateful to the BLT Design Awards for recognizing the hard work and vision behind System 02. Special thanks to Michael and Leckie Studio for their design expertise, to our dedicated team, and to our clients who continue to inspire us. This recognition motivates us to push boundaries and continue delivering high-quality, transformative solutions."

Acerca de The Backcountry Hut Company

The Backcountry Hut Company diseña estructuras recreativas compactas y modernistas, respetuosas con el medio ambiente y construidas bajo estrictos estándares de calidad. Sus sistemas prefabricados y empaquetados en planos pueden personalizarse para diversos usos y paisajes, con un enfoque en el autoensamblaje y la construcción comunitaria. Fundada en 2015 en Vancouver, BC, la compañía nació de la pasión por el aire libre y del deseo de crear espacios sostenibles y funcionales para los amantes de la aventura. Se realiza envío dentro de Canadá y Estados Unidos.

"Este premio es un honor increíble para nuestro equipo", dijo Wilson Edgard, cofundador. "Estamos agradecidos a los BLT Design Awards por reconocer el arduo trabajo y la visión detrás del System 02. Un agradecimiento especial a Michael y Leckie Studio por su experiencia en diseño, a nuestro equipo dedicado y a nuestros clientes, que continúan inspirándonos. Este reconocimiento nos motiva a superar límites y a seguir ofreciendo soluciones transformadoras de alta calidad."

MAISON SHEFFORD

Shefford, Canada // Architecture: MXMA Architecture & Design in collaboration with Catlin Stothers Design // Photo credit: Nanne Springer, Maxime Brouillet, Photographie Intérieure Co // Client: A family with two children // Architect & Project manager: Maxime Moreau // Designer: Catlin Stothers // Team: Gabrielle Morin, Benjamin Tardif // Engineer: Geniex // Coontractor: Nu Drom // Landscape: Vert Cube // Project sector: Single-family residential building

MXMA Architecture & Design and Catlin Stothers Design are proud to present Maison Shefford, a project in which these two Montreal firms have combined their creative expertise in architecture and interior design to create a truly distinctive living space. Nestled atop Mont Shefford in the Eastern Townships, the residence embodies a perfect balance between urban sophistication and harmony with the surrounding natural environment.

Designed for a family with young children, Maison Shefford is more than just a country retreat—it is a true sanctuary, where every detail has been thoughtfully considered to enhance everyday living. With its clean lines and luminous interiors, the home unites modernity with raw nature, offering its occupants an authentic and enduring connection to their environment.

MXMA Architecture & Design y Catlin Stothers Design se enorgullecen en presentar Maison Shefford, un proyecto en el que estas dos firmas de Montreal han unido su experiencia creativa en arquitectura y diseño de interiores para dar vida a un espacio residencial verdaderamente distintivo. Ubicada en la cima del Mont Shefford, en los Eastern Townships, la residencia encarna un equilibrio perfecto entre la sofisticación urbana y la armonía con el entorno natural que la rodea.

Concebida para una familia con niños pequeños, Maison Shefford es mucho más que una casa de campo: es un auténtico santuario en el que cada detalle ha sido cuidadosamente pensado para enriquecer la vida cotidiana. Con sus líneas depuradas e interiores luminosos, la vivienda une modernidad y naturaleza en estado puro, ofreciendo a sus habitantes una conexión auténtica y duradera con su entorno.

MAISON SHEFFORD: AN ODE TO NATURE AND ARCHITECTURAL EXCELLENCE

The final result transcends the conventions of traditional architecture, offering an experience that is both artistic and sensory. *Maison Shefford* embodies an authentic connection with its natural surroundings, reflecting its owners' desire to live in a home where the interior and exterior coexist harmoniously throughout the year.

In creating this sanctuary, architect Maxime Moreau and designer Catlin Stothers paid meticulous attention to every detail. The residence's interior and exterior spaces are designed to capture spectacular light effects and views, while the intimate atmosphere invites relaxation and contemplation. Ultimately, *Maison Shefford* stands as a true ode to nature, seamlessly uniting architecture and environment.

MAISON SHEFFORD: UNA ODA A LA NATURALEZA Y A LA EXCELENCIA ARQUITECTÓNICA

El resultado final trasciende las convenciones de la arquitectura tradicional, ofreciendo una experiencia que es a la vez artística y sensorial. *Maison Shefford* refleja una conexión auténtica con su entorno natural, respondiendo al deseo de sus propietarios de vivir en un hogar donde el interior y el exterior convivan en armonía durante todo el año.

Al crear este santuario, el arquitecto Maxime Moreau y la diseñadora Catlin Stothers prestaron meticulosa atención a cada detalle. Los espacios interiores y exteriores de la residencia están diseñados para captar efectos de luz y vistas espectaculares, mientras que la atmósfera íntima invita a la relajación y a la contemplación. En definitiva, *Maison Shefford* se erige como una verdadera oda a la naturaleza, combinando arquitectura y entorno de manera armoniosa.

MONT SHEFFORD: WHERE VISION BECOMES REALITY

In their search for an ideal location in the Eastern Townships, the clients explored the region extensively with architect Maxime Moreau before selecting a plot at the summit of Mont Shefford. This strategic location offers breathtaking panoramic views, encompassing vast stretches of woodland and the picturesque town of Bromont.

Set in the heart of a forest, the site held immense potential to bring the owners' vision to life: an intimate retreat in a natural setting where family and friends feel warmly welcomed. Every detail was designed to provide an immersive experience in nature while maintaining a balance—essential in the owners' eyes—between comfort and modernity.

To realize the couple's vision, MXMA subtly opened up the landscape by selectively removing certain trees within a limited area. This approach, which reconciles panoramic views with bioclimatic considerations, achieved the desired harmony between architecture and the natural environment, while preserving the tree canopy near the house. The firm then oriented the house to ensure unobstructed views, optimal lighting, and effective protection from the elements.

The house's orientation takes full advantage of local climatic conditions to maximize energy efficiency and comfort. The main north-facing façade features a protected entrance designed to minimize the impact of prevailing winds, while the living spaces, suites, and terraces face south and west. This configuration optimizes natural light and encourages cross-ventilation, creating a comfortable and healthy interior environment.

MONT SHEFFORD: DONDE LA VISIÓN SE CONVIERTE EN REALIDAD

En su búsqueda de una ubicación ideal en los Eastern Townships, los propietarios exploraron la región a fondo junto al arquitecto Maxime Moreau antes de elegir un terreno en la cima del Mont Shefford. Esta ubicación estratégica ofrece vistas panorámicas impresionantes, abarcando extensos bosques y el pintoresco pueblo de Bromont.

Situado en el corazón de un bosque, el terreno tenía un enorme potencial para materializar la visión de los propietarios: un retiro íntimo en un entorno natural donde la familia y los amigos se sientan cálidamente bienvenidos. Cada detalle se diseñó para ofrecer una experiencia inmersiva en la naturaleza, manteniendo al mismo tiempo un equilibrio—fundamental para los propietarios—entre confort y modernidad.

Para hacer realidad la visión de la pareja, MXMA abrió sutilmente el paisaje mediante la eliminación selectiva de ciertos árboles en un área limitada. Este enfoque, que combina vistas panorámicas con consideraciones bioclimáticas, logró la armonía deseada entre arquitectura y entorno natural, preservando al mismo tiempo la cubierta arbórea cercana a la vivienda. Posteriormente, la firma orientó la casa para asegurar vistas despejadas, iluminación óptima y una protección eficaz frente a las inclemencias del clima.

La orientación de la casa aprovecha al máximo las condiciones climáticas locales para optimizar la eficiencia energética y el confort. La fachada principal, orientada al norte, cuenta con un acceso protegido diseñado para minimizar el impacto de los vientos predominantes, mientras que los espacios de estar, las suites y las terrazas se abren al sur y al oeste. Esta configuración maximiza la luz natural y favorece la ventilación cruzada, creando un ambiente interior cómodo y saludable.

DESIGNING ABOVE THE OBSTACLES

During construction, the first challenge encountered was the discovery of massive bedrock at the heart of the excavation zone, which prevented the site from being excavated to the originally planned depth. Faced with a deficit of nearly six feet, the architect chose to raise the first floor and refine the project by designing a series of transitional volumes that rise from the rocky plateau and follow the natural contours of the terrain.

The architect took advantage of the site's distinctive topography by anchoring the residence in its mountainous environment and using local stone to form the base of the house. This approach ensures continuity and aesthetic coherence, seamlessly integrating the home with its natural surroundings.

At the garden level, the house accommodates a spacious games room and two guest suites. These spaces open onto a covered terrace featuring a fireplace, spa, pool, and sauna, all discreetly nestled among the trees below. Strategic openings in this stone volume promote a natural, fluid transition between indoor and outdoor spaces, creating the immersive experience expected of a nature retreat.

DISEÑANDO POR ENCIMA DE LOS OBSTÁCULOS

Durante la construcción, el primer desafío fue el hallazgo de un macizo rocoso en el corazón de la zona de excavación, lo que impidió excavar el terreno hasta la profundidad inicialmente prevista. Ante un déficit de casi seis pies, el arquitecto decidió elevar la planta baja y perfeccionar el proyecto mediante el diseño de una serie de volúmenes transicionales que emergen del meseta rocosa y siguen las curvas naturales del terreno.

El arquitecto aprovechó la topografía distintiva del sitio para anclar la residencia en su entorno montañoso y emplear piedra local en la base de la vivienda. Esta elección garantiza la continuidad y coherencia estética, integrando la casa de manera armoniosa con su entorno natural.

En la planta del jardín, la vivienda alberga una espaciosa sala de juegos y dos suites para invitados. Estos espacios se abren a una terraza cubierta que cuenta con chimenea, spa, piscina y sauna, discretamente ubicados entre los árboles del entorno. Las aberturas estratégicas en este volumen de piedra favorecen una transición natural y fluida entre los espacios interiores y exteriores, creando la experiencia inmersiva propia de un refugio en la naturaleza.

ENTER A WORLD OF PERSPECTIVES AND LIGHT

Inside, every room and circulation area opens onto the outdoors, with full-height windows framing the landscape like living works of art. Upon crossing the threshold, the vestibule reveals an impressive two-story window, offering a panoramic view of the forest unfolding behind the house. This design has been meticulously crafted to integrate the constant presence of nature while optimally harnessing natural light.

ENTRA EN UN MUNDO DE PERSPECTIVAS Y LUZ

En el interior, cada habitación y cada zona de circulación se abren al exterior, con ventanas de altura completa que enmarcan el paisaje como verdaderas obras de arte vivientes. Al cruzar el umbral, el vestíbulo se revela ante una impresionante ventana de dos plantas, ofreciendo una vista panorámica del bosque que se despliega detrás de la casa. Este diseño ha sido meticulosamente concebido para integrar la presencia constante de la naturaleza, al mismo tiempo que aprovecha al máximo la luz natural.

A floating staircase of wood and glass, subtly integrated, reinforces this visual continuity while adding a touch of elegance to the ensemble. As the hours pass, sunlight filters through the foliage, creating a play of light and shadow that dances across the entrance, imparting a soft, welcoming ambience to the space.

On the left, the vestibule opens onto the home's central living area—a vast open layout that includes the living room, dining room, kitchen, and wine cellar. This elevated volume, reminiscent of a treehouse, allows occupants to immerse themselves in the lush canopy.

Despite its open plan, the residence preserves more intimate spaces ingeniously integrated to provide peace and quiet, away from the bustle of everyday life.

On the right, the principal suite unfolds as a secluded space offering absolute privacy. Bathed in natural light, this retreat invites the couple to contemplate the surrounding peaks. With its private terrace and direct access to the pool, this oasis delivers the ultimate relaxation experience.

Una escalera flotante de madera y vidrio, sutilmente integrada, refuerza esta continuidad visual al tiempo que aporta un toque de elegancia al conjunto. A medida que avanzan las horas, la luz del sol se filtra entre el follaje, creando un juego de luces y sombras que danza por la entrada, impregnando el espacio de una atmósfera suave y acogedora.

A la izquierda, el vestíbulo se abre hacia el área central de la vivienda, un amplio espacio que incluye el salón, el comedor, la cocina y la bodega. Este volumen elevado, evocando la sensación de una casa en los árboles, permite a los habitantes sumergirse en el exuberante dosel vegetal.

A pesar de su planta abierta, la residencia conserva espacios más íntimos, ingeniosamente integrados para ofrecer paz y tranquilidad, alejados del bullicio de la vida cotidiana.

A la derecha, la suite principal se revela como un espacio apartado del mundo, que ofrece privacidad absoluta. Bañado por la luz natural, este refugio invita a la pareja a contemplar los picos circundantes. Con su terraza privada y acceso directo a la piscina, este oasis ofrece la experiencia definitiva de relajación.

THE NATURAL BALANCE OF MATERIALS

The clean and warm interior style extends to the outdoors, where a spacious living room, fireplace, dining area, and kitchen can be found. The fluidity between indoor and outdoor spaces is reinforced by the continuity of the white oak parquet flooring.

Protected from the elements year-round, these outdoor areas benefit from solar shading provided by green roofs and motorized shutters integrated into the ceiling. This configuration allows for precise modulation of sunlight while maintaining cool temperatures even on hot summer days.

Every detail has been meticulously considered, such as the glass railings seamlessly integrated into the terrace structure, which preserve the view of the landscape while ensuring the family's safety.

On the stone walls enclosing the main living space on the first floor, a seemingly floating wooden volume emerges. This second floor houses the two children's bedrooms and a secondary suite. Each room is visually connected to the canopy through green roofs that change with the seasons.

These green roofs go beyond their aesthetic function by incorporating ingenious rainwater recovery systems. The exterior landscaping is also part of this ecological approach, helping to conserve water resources. In addition to improving thermal insulation and interior comfort, the green roofs reduce the house's environmental footprint while helping to preserve surrounding biodiversity.

Inspired by a natural palette, the home is enveloped in refined, neutral materials that embody a clean, sustainable aesthetic. A subtle balance emerges between the anthracite stone exterior, matte black metal, wood cladding, and warm interior finishes. Each material has been carefully selected for its natural color and texture, aiming to create a coherent link between interior and exterior spaces. The selection of these materials was also guided by criteria of sustainability, local availability, and environmental certifications, reflecting the shared commitment of the clients, architect, and designer to sustainable building.

EL EQUILIBRIO NATURAL DE LOS MATERIALES

El estilo interior, limpio y cálido, se extiende al exterior, donde se encuentra un amplio salón, chimenea, comedor y cocina. La fluidez entre los espacios interiores y exteriores se refuerza gracias a la continuidad del parquet de roble blanco.

Protegidas de las inclemencias durante todo el año, estas zonas exteriores cuentan con protección solar proporcionada por cubiertas ajardinadas y persianas motorizadas integradas en el techo. Esta configuración permite una regulación precisa de la luz solar, manteniendo temperaturas frescas incluso en los días más calurosos de verano.

Cada detalle ha sido cuidadosamente estudiado, como las barandillas de vidrio integradas en la estructura de la terraza, que preservan la vista del paisaje a la vez que garantizan la seguridad de la familia.

En los muros de piedra que encierran el espacio principal de la planta baja, emerge un volumen de madera aparentemente flotante. Esta segunda planta alberga los dos dormitorios infantiles y una suite secundaria. Cada habitación se conecta visualmente con el dosel vegetal mediante cubiertas ajardinadas que cambian con las estaciones.

Estas cubiertas verdes van más allá de su función estética al incorporar ingeniosos sistemas de recuperación de agua de lluvia. El paisajismo exterior también forma parte de este enfoque ecológico, contribuyendo a la conservación del agua. Además de mejorar el aislamiento térmico y el confort interior, las cubiertas verdes reducen la huella ambiental de la vivienda y ayudan a preservar la biodiversidad circundante.

Inspirada en una paleta natural, la vivienda se envuelve en materiales refinados y neutros que reflejan una estética limpia y sostenible. Se establece un equilibrio sutil entre la piedra antracita del exterior, el metal negro mate, el revestimiento de madera y los acabados cálidos del interior. Cada uno de estos materiales ha sido cuidadosamente seleccionado por su color y textura naturales, con el objetivo de crear un vínculo coherente entre los espacios interiores y exteriores. La elección de estos materiales también se basó en criterios de sostenibilidad, disponibilidad local y certificaciones medioambientales, reflejando el compromiso compartido de los propietarios, el arquitecto y el diseñador con la construcción sostenible.

www.mxma.ca/maison-shefford

About MXMA Architecture & Design

MXMA stands out as an architecture firm driven by attentiveness, boundless creativity, and undeniable passion. Our commitment lies in bringing our clients' architectural dreams to life. At MXMA, we are guided by a deep conviction: the creation of living environments must be exceptional, original, and perfectly tailored to each individual, offering a daily source of inspiration.

Every project we undertake is more than an architectural achievement—it is an invitation to explore new ideas and innovative concepts, to embrace challenges, and to design spaces that transcend traditional expectations. At MXMA, we take pride in crafting unique environments that leave a lasting impression and enrich the lives of those who inhabit them.

About Catlin Stothers Design

Catlin Stothers Design is a multidisciplinary design firm based in Montreal, composed of creative minds who share a passion for shaping residential interiors that enhance their clients' lives. Architectural interventions play a prominent role in every project, with the ultimate goal of maximizing natural light and improving functionality.

Clean lines are harmonized within a minimalist sensibility, incorporating organic materials such as wood, glass, and metal. Simplicity and scale remain dominant themes, while negative space is employed to create visual interest and a sense of drama. CS Design is dedicated to creating residences that are both distinctive and effortlessly livable for their owners.

Acerca de MXMA Architecture & Design

MXMA se distingue como un estudio de arquitectura impulsado por la atención al detalle, la creatividad sin límites y una pasión indiscutible. Nuestro compromiso reside en hacer realidad los sueños arquitectónicos de nuestros clientes. En MXMA nos guía una profunda convicción: la creación de entornos habitables debe ser excepcional, original y perfectamente adaptada a cada persona, ofreciendo una fuente de inspiración cotidiana.

Cada proyecto que emprendemos es mucho más que un logro arquitectónico: es una invitación a explorar nuevas ideas y conceptos innovadores, a asumir desafíos y a diseñar espacios que trascienden las expectativas tradicionales. En MXMA nos enorgullece crear entornos únicos que dejan una huella perdurable y enriquecen la vida de quienes los habitan.

Acerca de Catlin Stothers Design

Catlin Stothers Design es un estudio de diseño multidisciplinario con sede en Montreal, formado por mentes creativas que comparten la pasión por dar forma a interiores residenciales que mejoran la vida de sus clientes. Las intervenciones arquitectónicas desempeñan un papel destacado en cada proyecto, con el objetivo de maximizar la luz natural y mejorar la funcionalidad.

Las líneas puras se armonizan dentro de una sensibilidad minimalista, incorporando materiales orgánicos como la madera, el vidrio y el metal. La simplicidad y la escala se mantienen como temas dominantes, mientras que el espacio negativo se utiliza para generar interés visual y un sentido de dramatismo. CS Design se dedica a crear residencias que sean tanto únicas como fácilmente habitables para sus propietarios.

SHIFT HOUSE

The Springs, East Hampton, New York, United States // Architecture: Palette Architecture // Photo credit: Jody Kivort // Client: Withheld // Architecture Firm: Palette Architecture // Typology: Single-family Residence

Palette Architecture is pleased to introduce Shift | House, a 1,600 sq. ft. new home designed for a family of four. Constructed from prefabricated, modular components that were fabricated in a factory and assembled on-site, the design leverages the efficiencies of prefabrication in both budget and schedule without compromising the overall design intent. These tools are applied to a home that is enriched by its natural surroundings and responsive to the family's activities.

In the immediate aftermath of the pandemic, many New Yorkers expressed a desire to complement their city homes with residences more connected to nature. A previous client asked us to design a second home away from their Brooklyn townhouse, and they quickly chose a tree-lined subdivision in East Hampton, offering relative visual seclusion from their neighbors. The house was intended to be modest in scale and budget, with a priority on immediate occupancy.

Palette Architecture se complace en presentar Shift | House, una nueva vivienda de 1.600 pies cuadrados diseñada para una familia de cuatro miembros. Construida a partir de componentes modulares prefabricados en fábrica y ensamblados in situ, el diseño aprovecha las eficiencias de la prefabricación tanto en presupuesto como en calendario, sin comprometer la intención general del proyecto. Estas herramientas se aplican en una vivienda enriquecida por su entorno natural y adaptada a las actividades de la familia.

Inmediatamente después de la pandemia, muchos neoyorquinos expresaron el deseo de complementar sus hogares en la ciudad con residencias más conectadas con la naturaleza. Un cliente anterior nos solicitó diseñar una segunda vivienda alejada de su casa en Brooklyn, y rápidamente eligieron un vecindario arbolado en East Hampton, ofreciendo un relativo aislamiento visual respecto a sus vecinos. La casa se concibió para ser modesta en escala y presupuesto, con prioridad en su ocupación inmediata.

MODERATING MODULAR

Shift House is composed of three modules and five panels. The modules form the two bedroom wings and the central kitchen, living, and dining areas. The five panels were used to increase the height of the living module. Once fabricated, the house was assembled on-site in a single day, including the MEP systems. Floor finishes, exterior cladding, and selected millwork were installed afterward on-site.

Palette's initial efforts focused on addressing the traditional limitations of modular construction. Transportation constraints often result in less-than-ideal room dimensions, requiring overlapping modules in critical areas. Likewise, conventional module heights typically prevent the creation of grand spaces—an issue the firm resolved by using prefabricated panels to extend the height of the living module.

Dozens of configurations were developed and evaluated to strike a balance between spatial quality and constructability. Ultimately, the architects arrived at a scheme featuring two bedroom wings connected to a central, high-ceilinged living space.

MODERAR LO MODULAR

Shift House está compuesta por tres módulos y cinco paneles. Los módulos conforman los dos pabellones de dormitorios y la zona central que incluye la cocina, el estar y el comedor. Los cinco paneles se utilizaron para aumentar la altura del módulo de estar. Una vez fabricada, la vivienda se ensambló en el sitio en un solo día, incluyendo los sistemas MEP. Los acabados de suelo, el revestimiento exterior y parte del mobiliario fijo se instalaron posteriormente in situ.

Los primeros esfuerzos de Palette se centraron en abordar las limitaciones tradicionales de la construcción modular. Las restricciones de transporte suelen generar dimensiones de habitación menos que ideales, lo que requiere superponer módulos en áreas críticas. Del mismo modo, las alturas convencionales de los módulos suelen impedir la creación de espacios amplios, un problema que el estudio resolvió mediante el uso de paneles prefabricados para extender la altura del módulo de estar.

Se desarrollaron y evaluaron decenas de configuraciones para equilibrar la calidad espacial con la constructibilidad. Finalmente, los arquitectos llegaron a una propuesta con dos alas de dormitorios conectadas a un espacio central de estar con techos altos.

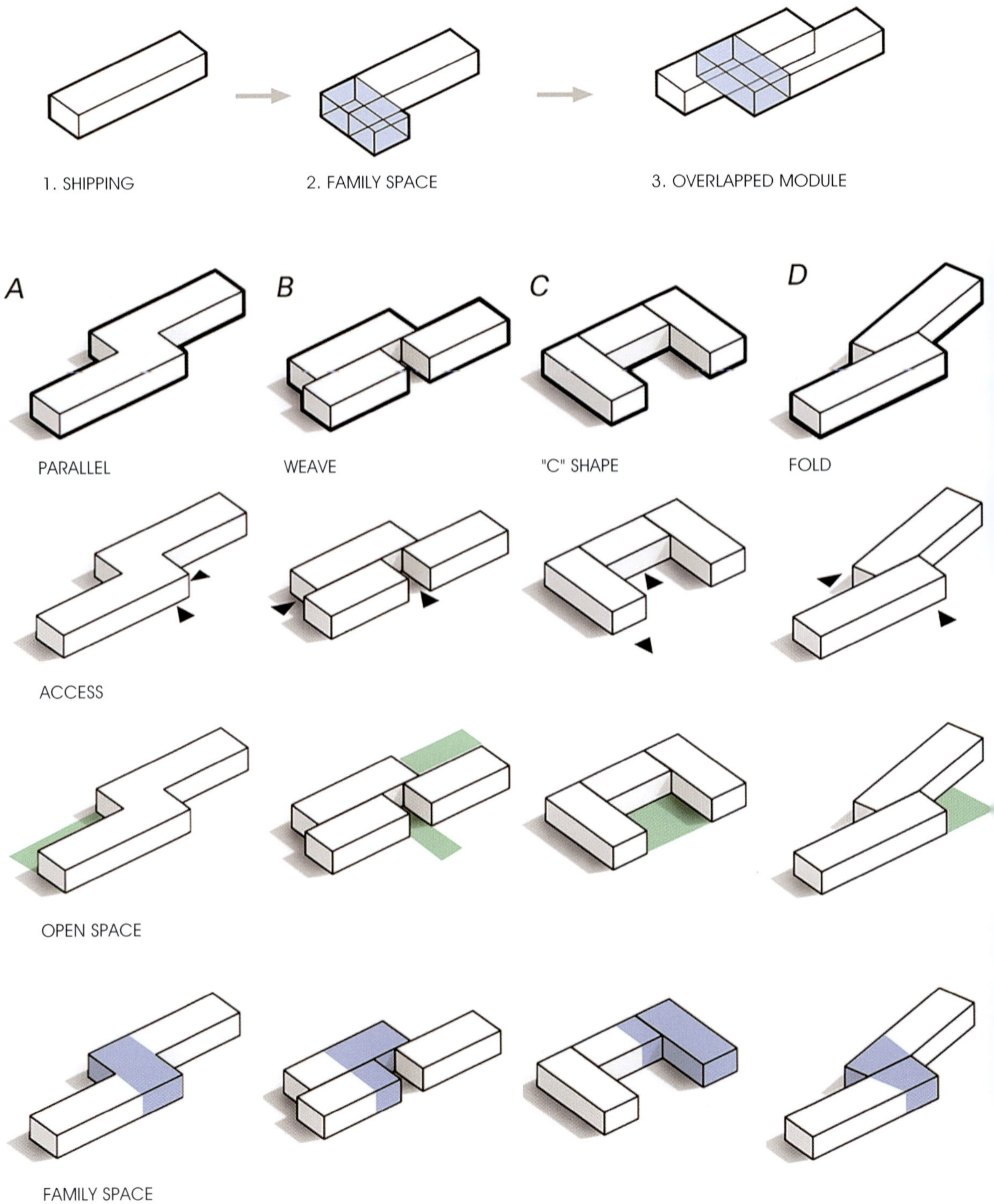
1. SHIPPING
2. FAMILY SPACE
3. OVERLAPPED MODULE
A
B
C
D
PARALLEL
WEAVE
"C" SHAPE
FOLD
ACCESS
OPEN SPACE
FAMILY SPACE

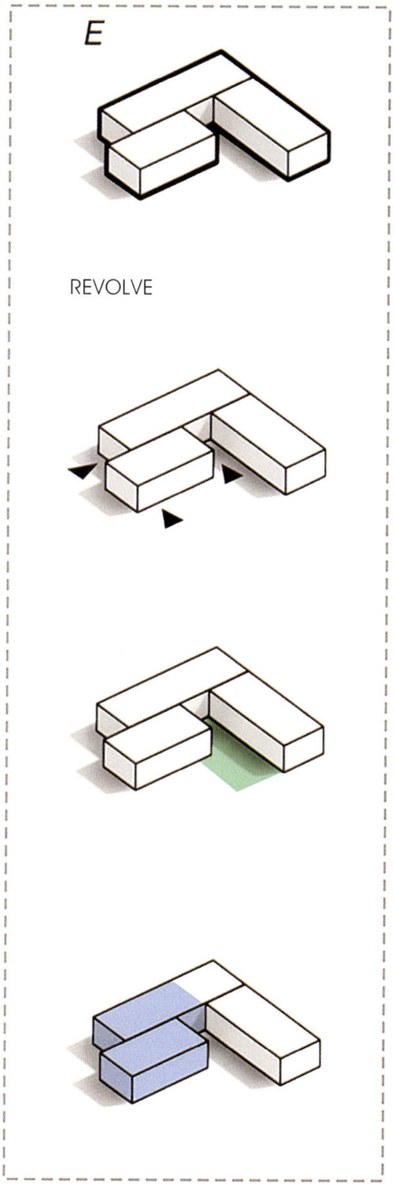

INVITING NATURE INSIDE

The L-shaped house anchors one edge of a grassy lawn at the rear of the property, with the other edges defined by a minimalist swimming pool and rows of trees. An elevated deck forms a seamless transition from the interior. The lush landscaping at the back contrasts with the gravel and drought-resistant plantings at the front, which present a sparser appearance to passersby. This enclosed lawn is private and relatively secluded, reinforcing the home's role as a natural retreat for the family.

The interior of the house is designed to draw in views of the landscaped courtyard. Large windows span two walls of the living space, overlooking the rear garden. Bedrooms and bathrooms also face the courtyard, which provides a serene backdrop for these rooms.

INVITANDO A LA NATURALEZA AL INTERIOR

La casa en forma de L ocupa un extremo del césped en la parte trasera de la propiedad, mientras que los otros límites están definidos por una piscina minimalista y hileras de árboles. Una terraza elevada forma una transición fluida desde el interior. El exuberante paisajismo trasero contrasta con la grava y las plantaciones resistentes a la sequía en la parte delantera, que presentan un aspecto más disperso para los transeúntes. Este césped cerrado es privado y relativamente aislado, reforzando el papel de la vivienda como un refugio natural para la familia.

El interior de la casa está diseñado para integrar las vistas del patio ajardinado. Grandes ventanales ocupan dos paredes del salón, con vistas al jardín trasero. Los dormitorios y los baños también dan al patio, que sirve como un fondo sereno para estas estancias.

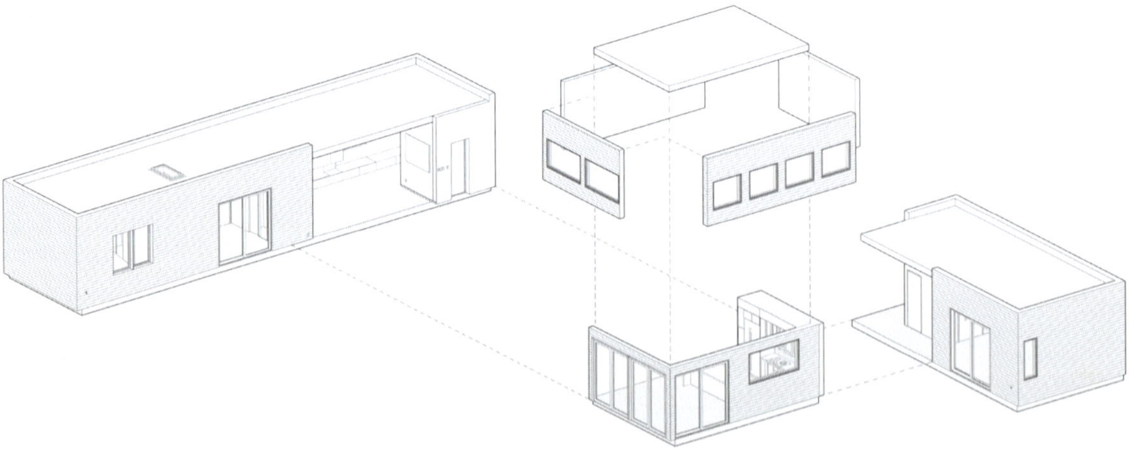

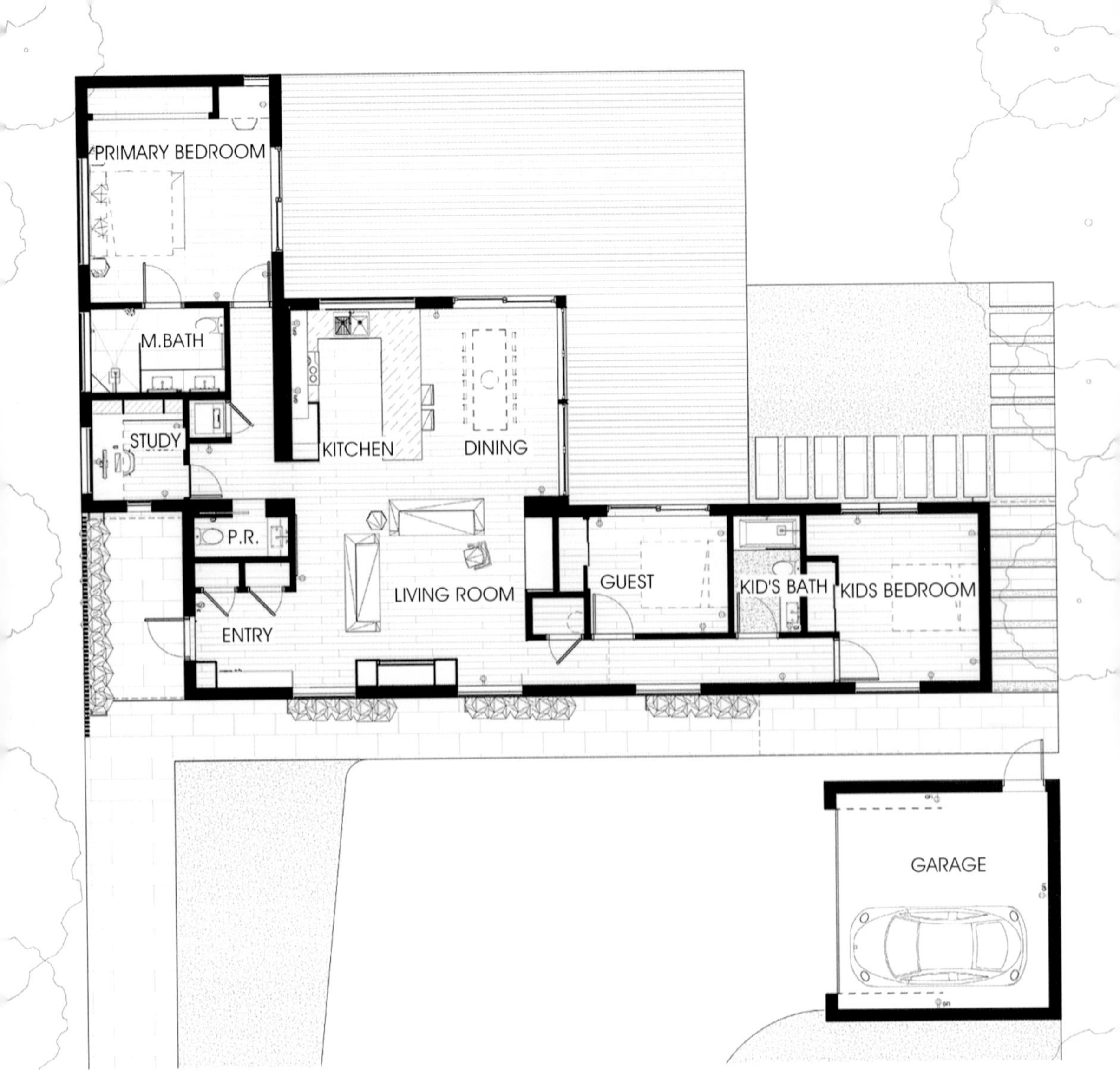

INTERIOR CHARACTER

Millwork elements were employed to create a distinct character in each space, while also providing a means for the modules to connect seamlessly. Cabinetry materials were carefully selected for their natural textures, adding subtle variation to each piece.

CARÁCTER INTERIOR

Se utilizaron elementos de carpintería a medida para dotar a cada espacio de un carácter distintivo, al mismo tiempo que facilitaban una conexión más fluida entre los módulos. Los materiales de los muebles se seleccionaron cuidadosamente por sus texturas naturales, aportando una sutil variación a cada pieza.

www.palettearch.com

About Palette Architecture

Palette Architecture is a cutting-edge, full-service architecture and design practice. The founding partners first met as students at the Graduate School of Architecture at Columbia University, where their research focused on collaborative design, technical innovation, digital fabrication, and material investigations. After gaining experience at internationally renowned architecture offices, the partners reunited in 2010 to form Palette Architecture, united by a shared mission: to create physical spaces that enhance and enrich the daily experiences of people's lives. The firm's creative process fosters a collaborative dialogue with clients, consultants, and builders, promoting a more responsible and humane built environment.

Acerca de Palette Architecture

Palette Architecture es un estudio de arquitectura y diseño integral de vanguardia. Los socios fundadores se conocieron como estudiantes en la Graduate School of Architecture de la Universidad de Columbia, donde su investigación se centró en el diseño colaborativo, la innovación técnica, la fabricación digital y el estudio de materiales. Tras adquirir experiencia en oficinas de arquitectura de renombre internacional, los socios se reunieron en 2010 para fundar Palette Architecture, unidos por una misión compartida: crear espacios físicos que mejoren y enriquezcan la experiencia diaria de las personas. El proceso creativo del estudio fomenta un diálogo colaborativo con clientes, consultores y constructores, promoviendo un entorno construido más responsable y humano.

HAVRES MONTCALM

Montcalm, Quebec, Canada // Architecture: MU Architecture // Photo credit: Studio 57 for MU Architecture // Client: Stephan Gradek // Architectes / Designers: MU Architecture // Team: Jean-Sébastien Herr, Charles Côté, Pierre-Loup Pivoin, Michèle Bélair, Sakiko Watatani, Andrée-Anne Godin // Landscape Architects: Projet Paysage // Structural: Émile Lord ing. // Contractor: Gradco // 3d images: Studio 57

Havre Montcalm is a modern architectural retreat development designed by MU Architecture, featuring elegant and tranquil residences nestled in the heart of Quebec's majestic Laurentian Mountains.

The planned collection of 62 residences, set within 184 acres of pristine nature, draws inspiration from the mountainous terrain and luminous clearings, as well as from the history and family values of its owners. Just 20 kilometers from Mont-Tremblant, the estate blends seamlessly into the surrounding forest, offering magnificent views of the Laurentians along with privileged access to trails, Lake Beaven, the Aerobic Corridor Park, and a wide range of cultural and outdoor experiences.

Havre Montcalm es un proyecto de retiro arquitectónico moderno, diseñado por MU Architecture, que ofrece elegantes y tranquilas residencias enclavadas en el corazón de las majestuosas Montañas Laurencianas de Quebec.

La colección prevista de 62 residencias, situadas en 184 acres de naturaleza prístina, se inspira en el relieve montañoso y en los claros luminosos, así como en la historia y los valores familiares de sus propietarios. A tan solo 20 kilómetros de Mont-Tremblant, la finca se integra armoniosamente en el bosque circundante, brindando magníficas vistas de las Laurencianas y acceso privilegiado a senderos, el lago Beaven, el Parque Corredor Aeróbico y una amplia variedad de experiencias culturales y al aire libre.

The site's rugged topography, with its diverse vegetation and sweeping views of the surrounding mountains, makes it a truly unique place. MU Architecture and Projet Paysage were entrusted with the task of ensuring that the architecture integrates seamlessly into the existing landscape, with minimal intervention on the terrain. By alternating typologies to match the land's contours, the careful placement of the homes minimizes disruption while showcasing the site's natural features.

A private road, winding organically through the property, accommodates the natural slope and rugged character of the terrain. The residences are arranged in a serpentine pattern from the base to the summit of the hill, optimizing space and ensuring that each enjoys an exceptional view of the valley below. The master plan was meticulously designed to balance privacy with accessibility, while preserving the integrity of the natural landscape.

La accidentada topografía del lugar, con su variada vegetación y las amplias vistas de las montañas circundantes, lo convierten en un sitio verdaderamente único. MU Architecture y Projet Paysage recibieron el encargo de lograr que la arquitectura se integrara de forma armónica en el paisaje existente, con la mínima intervención posible sobre el terreno. Al alternar tipologías que se adaptan a los contornos naturales, la cuidadosa implantación de las residencias minimiza el impacto y, al mismo tiempo, resalta los elementos naturales del entorno.

Un camino privado, que serpentea orgánicamente a través de la propiedad, se adapta a la pendiente y al carácter agreste del terreno. Las residencias se disponen en un patrón serpenteante, desde la base hasta la cima de la colina, optimizando el espacio y garantizando que cada una disfrute de una vista excepcional del valle inferior. El plan maestro fue diseñado meticulosamente para equilibrar privacidad y accesibilidad, preservando al mismo tiempo la integridad del paisaje natural.

A WINDOW TO NATURE

MU Architecture designed four typologies for the site, each adapted to the terrain on which a chalet is built. The first typology is single-level and elevated above the ground to preserve the existing topography and minimize its footprint. The other three typologies are nestled into the mountain slope, incorporating a garden level. While the first typology is raised to give the impression of floating above the plain, the other three are anchored to the ground, offering living areas and views across two levels, fostering a seamless indoor-outdoor connection.

Types 3 and 4 maintain an elongated form, while types 1 and 2 are based on the same architectural premise but extend into an "L" shape. This allows for the addition of two or three bedrooms, the integration of a double garage at the end, an infinity pool (optional for type 2), and a sauna (type 1 only). The models range from 1,133 to 4,131 sq ft and feature two to five bedrooms, with the possibility of converting rooms into an office or gym.

The various Havre residences are suitable for short getaways as well as extended stays with family or friends. Individual lot sizes range from 1.2 to 6 acres, ensuring a private natural haven for each home and instilling a constant sense of harmony with nature.

UNA VENTANA A LA NATURALEZA

MU Architecture diseñó cuatro tipologías para el sitio, cada una adaptada al terreno sobre el que se construye el chalet. La primera tipología es de un solo nivel y se eleva sobre el suelo para preservar la topografía existente y minimizar su huella. Las otras tres tipologías se integran en la ladera de la montaña, incorporando un nivel de jardín. Mientras que la primera tipología se eleva para dar la impresión de flotar sobre la llanura, las otras tres están ancladas al terreno, ofreciendo áreas de estar y vistas en dos niveles, fomentando una conexión fluida entre el interior y el exterior.

Los tipos 3 y 4 mantienen una forma alargada, mientras que los tipos 1 y 2 se basan en la misma premisa arquitectónica, pero se extienden en forma de "L". Esto permite añadir dos o tres dormitorios, integrar un garaje doble al final, una piscina infinita (opcional en el tipo 2) y una sauna (solo en el tipo 1). Los modelos varían entre 105 y 384 m² (1.133 a 4.131 sq ft) y cuentan con dos a cinco dormitorios, con la posibilidad de convertir algunas habitaciones en oficina o gimnasio.

Las distintas residencias de Havre son adecuadas tanto para escapadas cortas como para estancias prolongadas con familia o amigos. Los terrenos individuales van de 1,2 a 6 acres, asegurando un refugio natural privado para cada hogar e inculcando una constante sensación de armonía con la naturaleza.

HAVRE 1

The largest and most luxurious option, this unique chalet typology is found only at the top of the estate, where the plots are larger and the views are most spectacular. The "L"-shaped volume allows for the addition of a guest suite on the ground floor. This chalet also features a sauna and a pool, embodying the ultimate in relaxation and forest retreat.

HAVRE 2

This new four-bedroom typology, directly derived from the main model, extends the building into an "L" shape, allowing for the addition of two bedrooms and the integration of a double garage at its end. The resulting inner courtyard is oriented toward the views, offering occupants a private space shielded from prying eyes. The master suite, strategically positioned upstairs, enjoys breathtaking vistas of the mountains and surrounding landscape. With multiple living areas, this chalet is ideal for a small family.

HAVRE 3

Designed to nestle into the mountain slopes, this chalet spans two levels and discreetly incorporates a carport at the rear. It offers three bedrooms, including a master suite on the ground floor, as well as a game room and a bar on the garden level. While the upper lounge impresses with its panoramic views, the garden-level lounge provides greater privacy and integrates seamlessly into the rugged topography.

HAVRE 1

La opción más grande y lujosa, esta tipología única de chalet se encuentra únicamente en la cima de la finca, donde los terrenos son más amplios y las vistas, espectaculares. El volumen en forma de "L" permite añadir una suite de invitados en la planta baja. Este chalet también cuenta con sauna y piscina, y representa el máximo confort y el refugio perfecto en medio del bosque.

HAVRE 2

Esta nueva tipología de cuatro dormitorios, derivada directamente del modelo principal, extiende la estructura del edificio en forma de "L", permitiendo la adición de dos dormitorios y la integración de un garaje doble al final. El patio interior resultante se orienta hacia las vistas, ofreciendo a los ocupantes un espacio privado protegido de miradas externas. La suite principal, estratégicamente ubicada en la planta superior, disfruta de impresionantes vistas de las montañas y el paisaje circundante. Con múltiples áreas de estar, este chalet es ideal para una familia peq

HAVRE 3

Diseñado para integrarse en las laderas de la montaña, este chalet se desarrolla en dos niveles e incorpora discretamente un garaje cubierto en la parte trasera. Ofrece tres dormitorios, incluida una suite principal en la planta baja, así como una sala de juegos y un bar en el nivel del jardín. Mientras que el salón superior impresiona con sus vistas panorámicas, el salón del nivel del jardín proporciona mayor privacidad e integra el espacio de manera armoniosa con la accidentada topografía.

HAVRE 4

Elevated above the ground to give the impression of floating over the plain, this single-story chalet appears delicately placed within its natural landscape. Wrapped in a cladding of metal scales, the heart of the chalet provides protection from the elements while offering panoramic views of the open, lush plain. Designed as the foundational model for all chalets in the development, its modern and elegant architecture integrates humbly into the site. Havre Montcalm truly offers a window to nature, and its serene ambiance invites occupants to be lulled by the tranquility of the surroundings.

CUSTOM ARCHITECTURAL HOMES

Havre Montcalm was conceived as a place of relaxation and rejuvenation—a sanctuary in nature for creating lasting memories with family and friends. The Havre chalets are customizable to suit different lifestyles and individual needs. Owners have the option to purchase the chalet fully furnished, in addition to the integrated furniture already included, featuring high-end pieces designed by local designers and manufacturers.

HAVRE 4

Elevado sobre el suelo para dar la impresión de flotar sobre la llanura, este chalet de una sola planta parece haberse colocado delicadamente en su paisaje natural. Revestido con una piel de escamas metálicas, el corazón del chalet protege de los elementos mientras ofrece vistas panorámicas de la llanura abierta y exuberante. Diseñado como modelo base para todos los chalets del desarrollo, su arquitectura moderna y elegante se integra de manera humilde en el entorno. Havre Montcalm ofrece, en efecto, una ventana a la naturaleza, y su ambiente sereno invita a quienes lo habitan a dejarse envolver por la tranquilidad del lugar.

CASAS ARQUITECTÓNICAS PERSONALIZADAS

Havre Montcalm fue concebido como un lugar de relajación y rejuvenecimiento, un santuario en la naturaleza para crear recuerdos duraderos con familiares y amigos. Los chalets Havre son personalizables para adaptarse a diferentes estilos de vida y necesidades individuales. Los propietarios tienen la opción de adquirir el chalet completamente amueblado, además del mobiliario integrado ya incluido, con piezas de alta gama diseñadas por diseñadores y fabricantes locales.

BLENDING INDOOR AND OUTDOOR

MU Architecture's modern homes invite contemplation and relaxation, featuring simple and elegant interiors with high cedar ceilings, a wood stove, and custom kitchen cabinetry. The private areas and bedrooms, located both on the ground floor and at the garden level, offer tranquil views of the surrounding forest. Communal spaces serve as gathering areas, equipped with large windows that overlook the open landscape. These spaces seamlessly extend outdoors onto terraces and into the courtyard, creating a smooth transition between interior and exterior, while remaining sheltered by the enveloping roof that defines the project's unique character.

The outdoor landscaping is minimalist, ensuring that the built environment harmonizes with the natural surroundings and highlights the site's inherent features. The inner courtyard is oriented toward the panoramic views while remaining discreetly shielded from sight. The outdoor layout encourages both social interaction and relaxation, notably with the hammock nets included in each model, giving the impression of floating above the plain or among the trees.

Nature inspired both the shape and materials of Havre Montcalm's architectural concept, permeating the spirit and aesthetics of the interior design. The richness of Montcalm's terrain — its clearings, forests, wetlands, and rock formations — inspired the architects to create a variety of visual elements, textures, and lighting that define the unique character of the landscape. The result is three interior finish palettes that harmonize with the environment surrounding each chalet.

INTEGRACIÓN ENTRE INTERIOR Y EXTERIOR

Las modernas viviendas de MU Architecture invitan a la contemplación y la relajación, con interiores simples y elegantes que cuentan con altos techos de cedro, estufa de leña y muebles de cocina a medida. Las zonas privadas y los dormitorios, ubicados tanto en la planta baja como en el nivel del jardín, ofrecen vistas tranquilas del bosque circundante. Las áreas comunes funcionan como espacios de encuentro, equipadas con grandes ventanales que se abren al paisaje. Estos espacios se extienden de manera armoniosa hacia el exterior, hacia las terrazas y el patio, creando una transición fluida entre interior y exterior, mientras permanecen protegidos por el techo envolvente que define el carácter único del proyecto.

El paisajismo exterior es minimalista, garantizando que el entorno construido se integre con la naturaleza existente y resaltando los elementos naturales del sitio. El patio interior se orienta hacia las vistas panorámicas, manteniéndose discretamente protegido de la vista. La disposición exterior fomenta tanto la socialización como la relajación, destacando especialmente las hamacas incluidas en cada modelo, que dan la sensación de flotar sobre la llanura o entre los árboles.

La naturaleza inspiró tanto la forma como los materiales del concepto arquitectónico de Havre Montcalm, permeando también el espíritu y la estética del diseño interior. La riqueza del terreno de Montcalm —sus claros, bosques, humedales y formaciones rocosas— inspiró a los arquitectos a crear una variedad de elementos visuales, texturas y juegos de luz que definen el carácter único del paisaje. El resultado son tres paletas de acabados interiores que armonizan con el entorno de cada chalet.

www.architecture-mu.com

About MU Architecture

Founded in Montreal in 2010 by Charles Côté and Jean-Sébastien Herr, MU Architecture is renowned for its elegant contemporary residences, human-centered and creative office spaces, and large-scale avant-garde projects. Building on experience gained at several world-renowned architectural firms, the founders of MU Architecture have enriched their expertise with the highest standards from Montreal, Vienna, Barcelona, and Dubai.

Firmly established as one of the leaders of its generation, MU Architecture, leveraging the latest design technologies, shapes spaces and structures to create unique and boundless experiences. The firm's refined and luminous style takes on a new form with each project.

Distinguished by its human-centered approach and emphasis on communication, MU Architecture combines elegance with creativity. Advocating ecological values characteristic of its generation, the firm promotes a balance between iconic architecture and the preservation of ecosystems.

Talented and passionate, MU Architecture's team has seen its work published numerous times on the international stage, and its bold vision has earned several prestigious awards.

Acerca de MU Architecture

Fundada en Montreal en 2010 por Charles Côté y Jean-Sébastien Herr, MU Architecture es reconocida por sus elegantes residencias contemporáneas, sus espacios de oficina creativos y orientados a las personas, y sus proyectos de vanguardia a gran escala. Aprovechando la experiencia adquirida en varias firmas arquitectónicas de renombre mundial, los fundadores de MU Architecture han enriquecido su trayectoria con los más altos estándares de Montreal, Viena, Barcelona y Dubái.

Firmemente posicionada como una de las líderes de su generación, MU Architecture, apoyándose en las últimas tecnologías de diseño, da forma a espacios y estructuras para crear experiencias únicas e infinitas. El estilo refinado y luminoso de la firma adopta una nueva forma en cada proyecto.

Distinguida por su enfoque centrado en las personas y su énfasis en la comunicación, MU Architecture combina elegancia y creatividad. Defendiendo valores ecológicos característicos de su generación, la firma promueve un equilibrio entre la arquitectura icónica y la preservación de los ecosistemas.

Talentoso y apasionado, el equipo de MU Architecture ha visto su trabajo publicado en numerosas ocasiones a nivel internacional, y su visión audaz le ha valido varios premios de prestigio.

WEST DON RAVINE PASSIVE HOUSE

Toronto, Canada // Architecture: Poiesis Architecture // Photo credit: Jeremy Mathers, Doublespace Photography // Photo plans: Poiesis Architecture

Poiesis Architecture, a firm dedicated to designing functional, beautiful, and sustainable spaces while exploring opportunities for public-facing elements in each project, proudly presents the *West Don Ravine Passive House*, Toronto's first PHIUS Certified Passive House home. Located in a North Toronto neighborhood adjacent to the Don Valley ravine, the West Don Ravine Passive House project began on a personal note for principal architect Gregory Rubin, who undertook the project on behalf of his parents. Drawing on more than 15 years of experience in high-end residential and institutional projects, Rubin's parents entrusted him with the creative freedom to design his first ground-up structure.

The clients chose to downsize as they approached retirement while remaining on the same site. They envisioned replacing their existing three-story home with a new, more manageable bungalow-style structure. Motivated by their experience during a destructive ice storm in 2013, the couple also prioritized designing a home that would be more resilient to the impacts of climate change.

Poiesis Architecture, un estudio dedicado a diseñar espacios funcionales, bellos y sostenibles, explorando siempre oportunidades para elementos orientados al público en cada proyecto, presenta con orgullo la *West Don Ravine Passive House*, la primera vivienda certificada como Passive House PHIUS en Toronto. Ubicado en un barrio del norte de Toronto, junto a la quebrada Don Valley, el proyecto West Don Ravine Passive House comenzó de manera muy personal para el arquitecto principal Gregory Rubin, quien llevó a cabo el proyecto en nombre de sus padres. Aprovechando más de 15 años de experiencia en proyectos residenciales e institucionales de alto nivel, los padres de Rubin le confiaron la libertad creativa para diseñar su primera construcción desde cero.

Los clientes decidieron reducir el tamaño de su vivienda al acercarse a la jubilación, manteniéndose en el mismo terreno. Su intención era reemplazar su antigua casa de tres pisos por una nueva estructura más manejable, estilo bungalow. Motivados por su experiencia durante una devastadora tormenta de hielo en 2013, la pareja también priorizó el diseño de una vivienda más resiliente frente a los efectos del cambio climático.

The West Don Ravine Passive House is organized across two distinct levels: a south-facing street-level entry and a north-facing lower ravine-level walkout. The upper level contains the garage and the principal bedroom, with a central mezzanine backed by terracotta paneling that marks the transition between the street-facing and ravine-facing areas. Upon entering the foyer, movement along the east-west axis reveals a cut in the floor, offering a view of the lower-level spaces. To the south, a sunken garden extends from the upper level to the lower level, channeling abundant natural light through a large, expansive window that bathes the social spaces in soft daylight, filtered by the terracotta screen above.

Opening to the north, all main living spaces on the lower level provide views toward the ravine through a full-height glass wall. This northern glass facade connects the interior with the surrounding nature, while external terraces extend beyond a newly created loge-style porch and gently descend toward the ravine. Within the boundaries of the original retaining walls, lush new landscaping further enhances the connection between the home and its natural setting.

La West Don Ravine Passive House se organiza en dos niveles distintos: una entrada a nivel de calle orientada al sur y un acceso inferior a nivel de la quebrada, orientado al norte. El nivel superior alberga el garaje y el dormitorio principal, con un entrepiso central respaldado por paneles de terracota que marcan la transición entre las zonas orientadas a la calle y las que miran hacia la quebrada. Al entrar en el vestíbulo, el recorrido a lo largo del eje este-oeste revela un corte en el suelo que permite visualizar los espacios del nivel inferior. Hacia el sur, un jardín hundido se extiende desde el nivel superior hasta el inferior, canalizando abundante luz natural a través de un amplio ventanal que inunda los espacios sociales con una suave luz filtrada por la celosía de terracota ubicada arriba.

Hacia el norte, todos los espacios principales del nivel inferior ofrecen vistas de la quebrada gracias a una pared de vidrio de altura completa. Esta fachada acristalada conecta el interior con la naturaleza circundante, mientras que las terrazas exteriores se prolongan más allá de un porche recién creado de estilo logia y descienden suavemente hacia la quebrada. Dentro de los límites de los muros de contención originales, un nuevo y abundante paisajismo realza aún más la conexión entre la vivienda y su entorno natural.

A NATURE-CONNECTED MANDATE

At the heart of the project, the design prioritized a connection to the ravine from every vantage point in the house, with a focus on enhancing connections to the surrounding outdoor gardens, which gradually slope toward the ravine. Simultaneously, the mandate emphasized maintaining indoor and outdoor spaces large enough to accommodate family gatherings, particularly at the newly designed ravine-level walkout. These priorities dictated a program that needed to comply with ecological regulations concerning work within the footprint of the previous building. Poiesis further enriched the surrounding landscape by replacing hard surfaces with native vegetation, fostering a more integrated and harmonious environment.

This commitment to environmental stewardship reflects Poiesis' broader approach, which aligns with current architectural trends that increasingly consider the impacts of buildings on both the environment and human health. This philosophy extends indoors, emphasizing healthy ventilation systems and careful material selection.

UN MANDATO CONECTADO CON LA NATURALEZA

En el corazón del proyecto, el diseño priorizó la conexión con la quebrada desde cualquier punto de la casa, con especial atención en mejorar los vínculos con los jardines exteriores circundantes, que descienden gradualmente hacia la quebrada. Al mismo tiempo, se dio importancia a mantener espacios interiores y exteriores lo suficientemente amplios para acoger reuniones familiares, particularmente en el recién diseñado nivel de salida hacia la quebrada. Estas prioridades determinaron un programa que debía cumplir con las normativas ecológicas relacionadas con la intervención dentro de la huella de la construcción anterior. Poiesis enriqueció aún más el paisaje circundante reemplazando superficies duras con vegetación nativa, fomentando un entorno más integrado y armonioso.

Este compromiso con la sostenibilidad refleja el enfoque más amplio de Poiesis, que se alinea con las tendencias arquitectónicas actuales, cada vez más conscientes del impacto de los edificios tanto en el medio ambiente como en la salud humana. Esta filosofía se extiende al interior, con énfasis en sistemas de ventilación saludables y una cuidadosa selección de materiales.

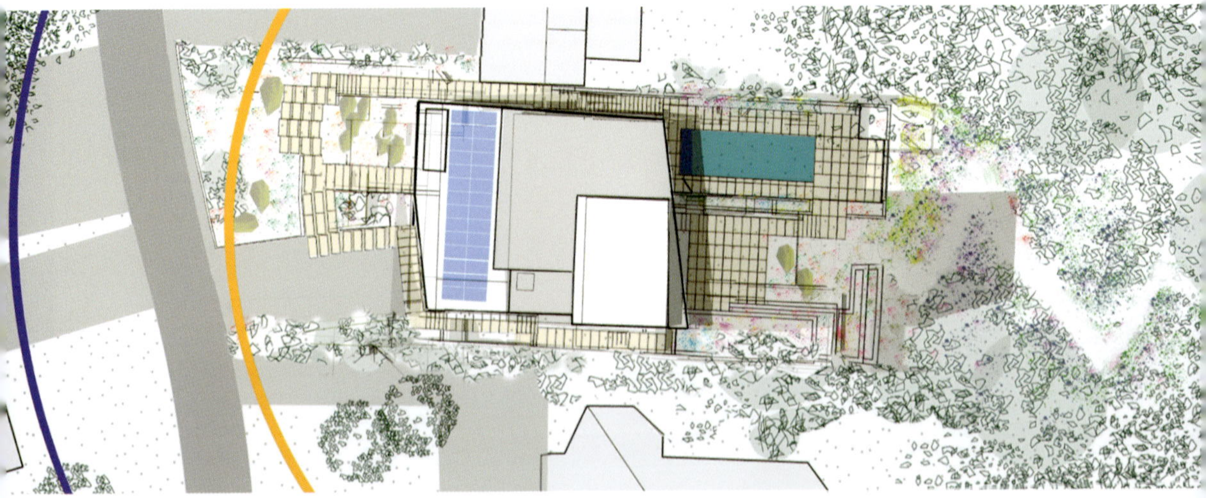

SITE PLAN

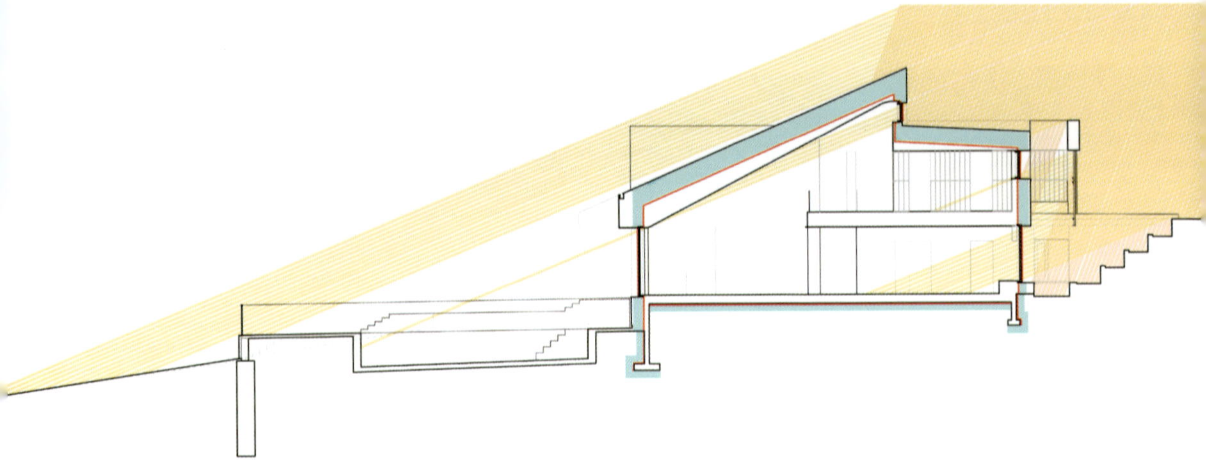

BUILDING SECTION WITH WINTER AND SUMMER SUN STUDY

PASSIVE DESIGN

Although achieving Passive House certification was never the original goal, Rubin's embrace of its concepts, and environmental stewardship in general, soon shifted the design's focus in an exciting new direction. Once it became clear that the precise standards of Passive House certification were attainable, their significance made them a primary consideration for the project.

Passive House standards are widely regarded as some of the most rigorous voluntary energy-based benchmarks in the design and construction industry. Buildings certified under these standards can reduce heating and cooling energy consumption by up to 90 percent. These internationally recognized designations are grounded in science-based energy principles.

DISEÑO PASIVO

Aunque la obtención de la certificación Passive House nunca fue el objetivo inicial, la adopción de sus conceptos por parte de Rubin, y su compromiso con la sostenibilidad ambiental en general, pronto orientaron el diseño en una dirección emocionante. Una vez que quedó claro que los precisos estándares de certificación Passive House eran alcanzables, su relevancia los convirtió en una consideración principal del proyecto.

Los estándares Passive House son ampliamente reconocidos como algunos de los criterios voluntarios más rigurosos basados en la eficiencia energética dentro de la industria de la construcción y el diseño. Los edificios certificados bajo estos estándares pueden reducir hasta un 90 % el consumo de energía para calefacción y refrigeración. Estas certificaciones, reconocidas internacionalmente, se basan en principios energéticos fundamentados científicamente.

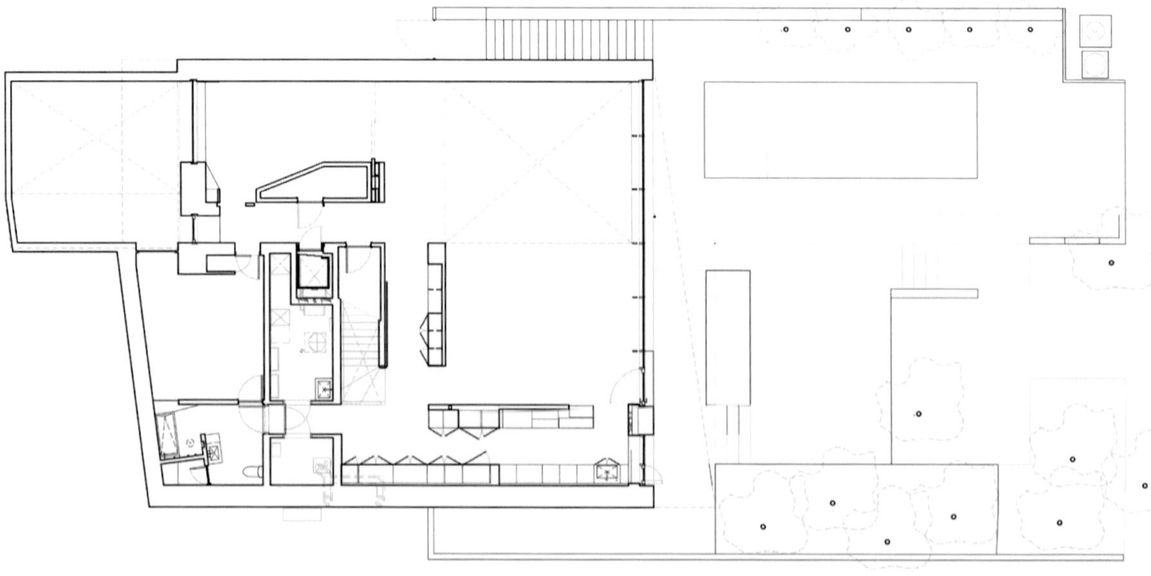

RAVINE WALK-OUT LEVEL PLAN

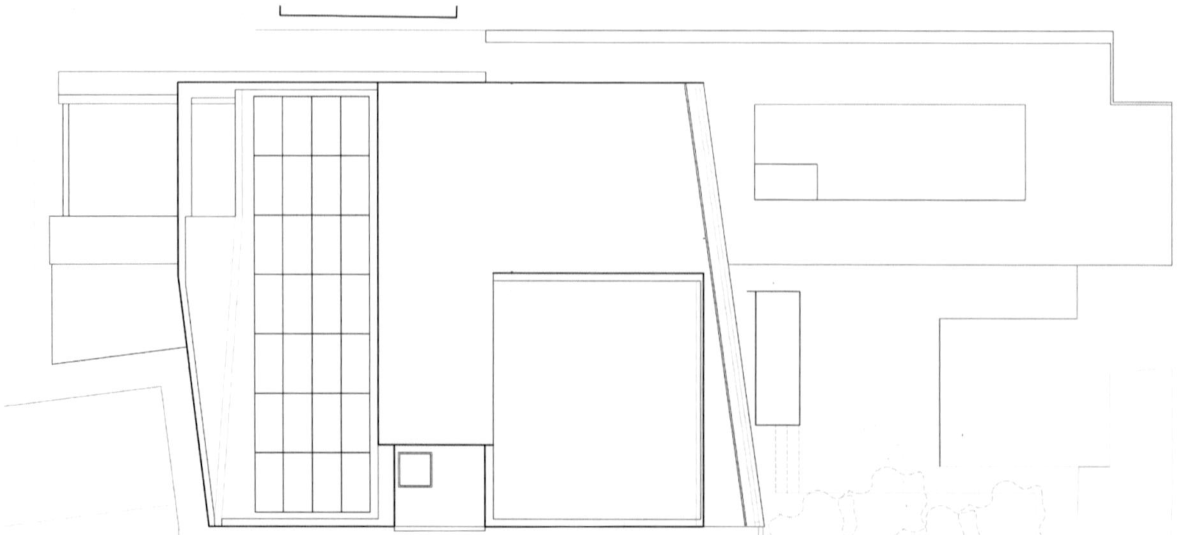

ROOF PLAN

www.p-arch.ca

About Poiesis Architecture

Founded in 2016 by Gregory Rubin, Poiesis Architecture specializes in designing functional, beautiful, and sustainable spaces. The firm focuses on innovative urban housing, public realm improvements, and high-performance architecture.

Poiesis Architecture's thoughtful designs address functional needs while fostering long-term environmental and social benefits. Their work harmonizes modernism with sustainability, emphasizing comfort, natural light, and energy efficiency. By applying the principles of Passive Design, the firm creates environments that support users' needs and contribute to a renewable-energy future.

Acerca de Poiesis Architecture

Fundada en 2016 por Gregory Rubin, Poiesis Architecture se especializa en diseñar espacios funcionales, bellos y sostenibles. El estudio se centra en viviendas urbanas innovadoras, mejoras del espacio público y arquitectura de alto rendimiento.

Los diseños cuidadosamente pensados de Poiesis Architecture satisfacen las necesidades funcionales al mismo tiempo que promueven beneficios ambientales y sociales a largo plazo. Su trabajo armoniza el modernismo con la sostenibilidad, haciendo énfasis en el confort, la luz natural y la eficiencia energética. Aplicando los principios del Diseño Pasivo, el estudio crea entornos que responden a las necesidades de los usuarios y contribuyen a un futuro basado en energías renovables.

HOUSE KROKHOLMEN

Krokholmen, Värmdö Municipality, Stockholm archipelago, Sweden // Architecture: Tham & Videgård Arkitekter - Bolle Tham and Martin Videgård // Photo credit: Åke E:son Lindman

The site is a promontory on the relatively small island of Krokholmen in Stockholm's outer archipelago: a typical archipelago landscape with windswept dwarf pines and soft mountain outcrops produced by the inland ice. The plot benefits from open views, in the east all the way out to the lighthouse Almagrundet in the open sea, and it is at times exposed to strong winds. The family wanted a maintenance-free vacation home.

El lugar es una elevación de terreno en la pequeña isla de Krokholmen en el archipiélago exterior de Estocolmo: un paisaje típico de archipiélago con pinos enanos azotados por el viento y discretas formaciones montañosas fruto del hielo interior. El terreno ofrece vistas abiertas por el este, hacia el faro de Almagrundet en mar abierto, y a veces se ve expuesto a fuertes vientos. La familia quería una casa de vacaciones de poco mantenimiento.

We proposed a two-part plan. Through a central wall holding the fireplace, a narrow opening gives access to bedrooms, bath and storage, that are oriented to the forest in the west. The large family room with kitchen and entrance could thus face out towards the sea with daylight and view in three directions. A screen of wood and glass runs around the house and unite interior and exterior spaces on a base of in-situ cast concrete. The living room opens up through large sliding doors onto three terraces, one of which is sheltered from the winds and facing south and one is completely open to the water to the east. The horizontal openess of the main space out towards the sea is balanced by its verticality, an internal ridge height of 6 meters (18 feet).

Propusimos un plan de dos partes. A través de un muro central que sostiene la chimenea, una estrecha abertura da acceso a los dormitorios, baño y zona de almacenaje, los cuales están orientados al oeste, donde se encuentra el bosque. De día, desde la gran sala de estar con cocina y entrada se puede mirar hacia el mar, con vistas en tres direcciones. Una pantalla de madera y vidrio rodea la casa conectando los espacios interiores y exteriores sobre una base de hormigón fundido en el propio terreno. A través de unas grandes puertas correderas, el salón da paso a tres terrazas, una de ellas protegida del viento y que se orienta hacia el sur, otra que está completamente abierta hacia el mar por el este. La apertura horizontal del espacio principal hacia el mar se ve compensada gracias a su verticalidad, con una altura interna de 6 metros.

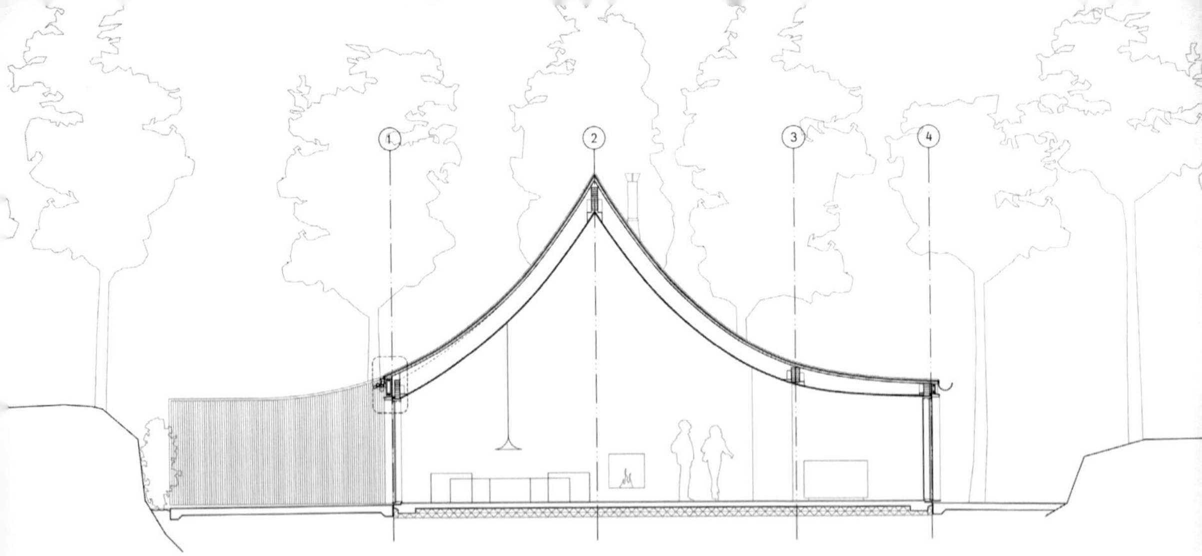

SECTION

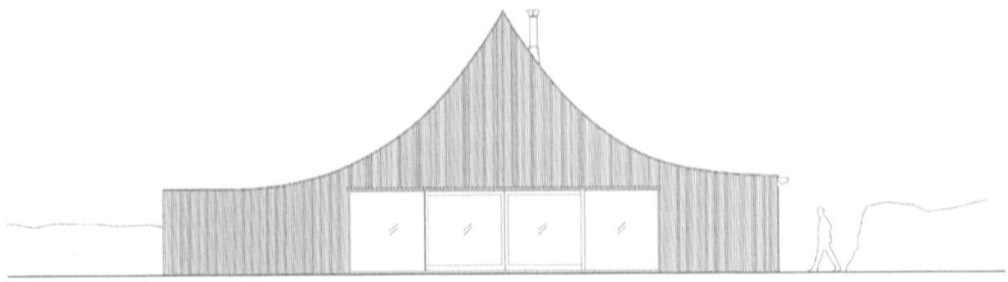

EAST ELEVATION

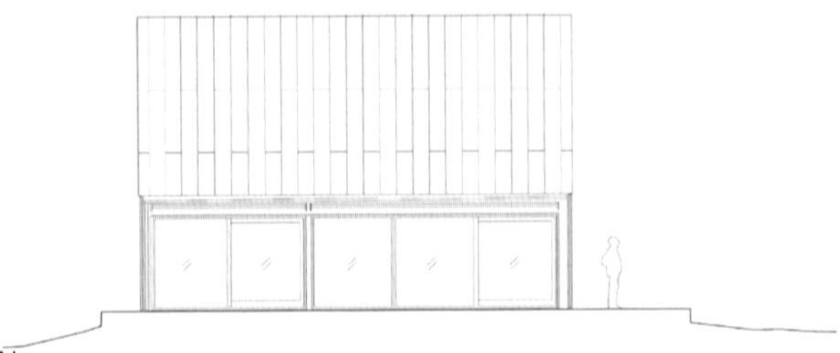

SOUTH ELEVATION

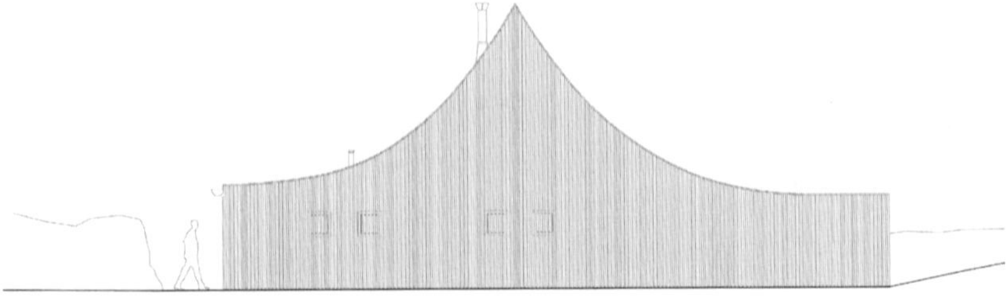

WEST ELEVATION

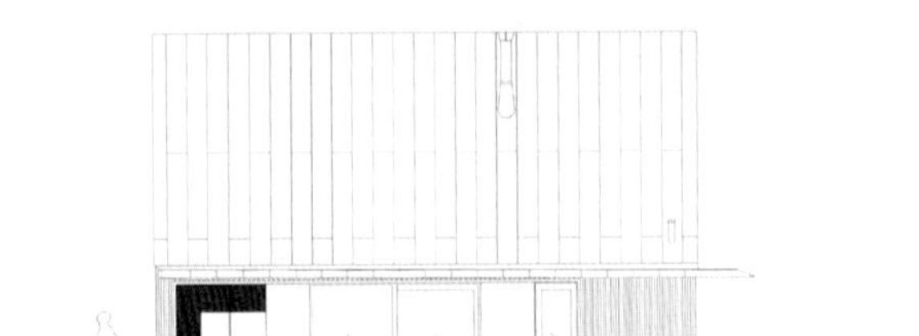

NORTH ELEVATION

SITE PLAN

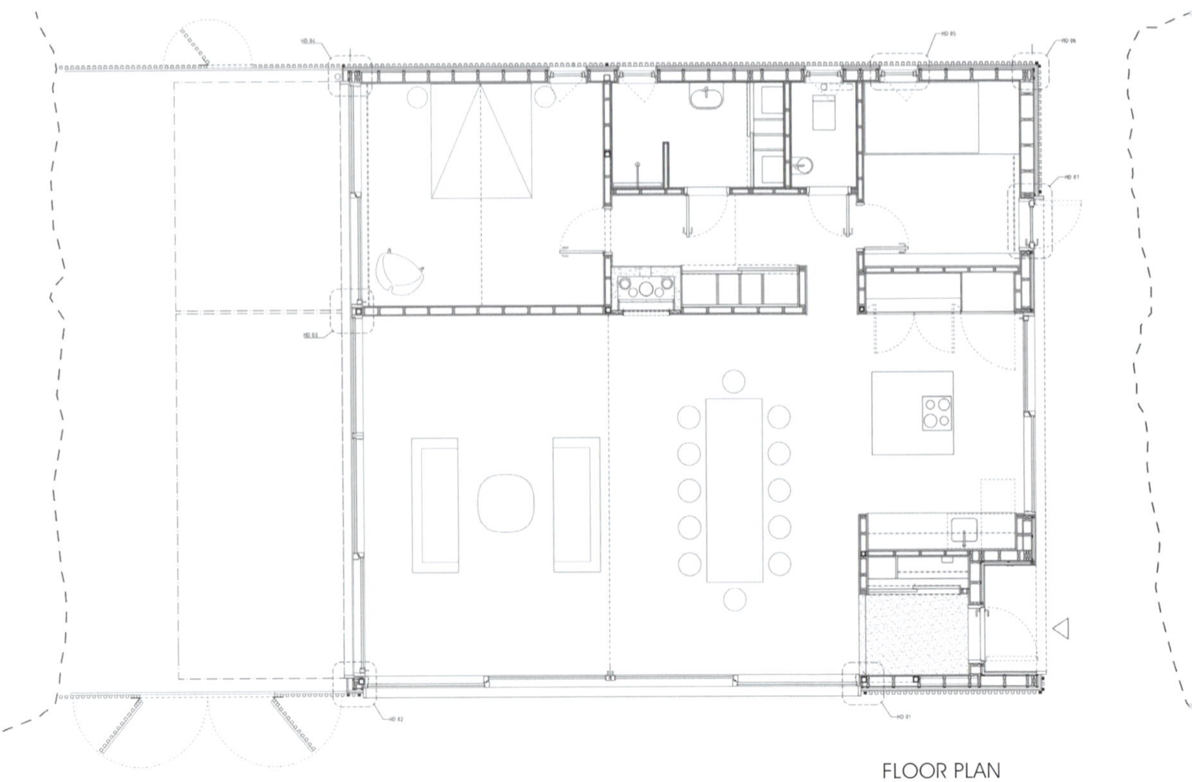

FLOOR PLAN

www.thamvidegard.se

About Tham & Videgård Arkitekter

Bolle Tham and Martin Videgård founded their office in Stockholm in 1999, and since then Tham & Videgård has evolved with an experimental approach into a substantial practice with a global reach. Tham & Videgård has received numerous national and international awards, including two of Sweden's most prestigious honors: the Kasper Salin Prize from Sveriges Arkitekter, awarded for the Kalmar Art Museum and the KTH School of Architecture in Stockholm. These projects are part of a diverse portfolio that spans educational buildings, modern art museums, housing, exhibition design, and the influential Tree Hotel in Harads.

Ongoing projects include the new Faculty of Fine, Applied and Performing Arts in Gothenburg; the new Mess Building for the Military Academy at Karlberg Castle in Stockholm; new constructions and refurbishments in the historic Gasworks district in Stockholm; as well as the Denfert building in Paris and two office and housing blocks in Prague.

Tham and Videgård are members of the Royal Swedish Academy of Fine Arts and have taught and lectured worldwide.

Acerca de Tham & Videgård Arkitekter

Bolle Tham y Martin Videgård fundaron su oficina en Estocolmo en 1999, y desde entonces Tham & Videgård ha evolucionado con un enfoque experimental hasta convertirse en un estudio de gran envergadura con proyección internacional. Tham & Videgård ha recibido numerosos premios nacionales e internacionales, incluidos dos de los más prestigiosos de Suecia: el Premio Kasper Salin de Sveriges Arkitekter, otorgado por el Museo de Arte de Kalmar y la Escuela de Arquitectura KTH en Estocolmo. Estos proyectos forman parte de un portafolio diverso que abarca edificios educativos, museos de arte contemporáneo, viviendas, diseño de exposiciones y el influyente Tree Hotel en Harads.

Entre los proyectos en curso se encuentran la nueva Facultad de Bellas Artes, Artes Aplicadas y Escénicas en Gotemburgo; el nuevo edificio de la cantina para la Academia Militar en el Castillo de Karlberg en Estocolmo; nuevas construcciones y remodelaciones en el histórico distrito de Gasworks en Estocolmo; así como el edificio Denfert en París y dos bloques de oficinas y viviendas en Praga.

Tham y Videgård son miembros de la Real Academia Sueca de Bellas Artes y han enseñado y dado conferencias en todo el mundo.

OAKHILL HOUSE

Magog, Canada // Architecture: Matière Première Architecture // Photo credit: Ian Balmorel // Contractor: Nu Drōm // Landscape design: Art nature // Windows: Shalwin // Siding: Juste du pin // Furniture: Kastella // Furniture & Lighting: Poliform // Chairs: Carl Hensen wishbone

Nestled within the densely forested municipality of Bromont, near Montreal, Oakhill is a single-family residence conceived by the local architectural studio Matière Première Architecture and constructed by its partner firm, Nu Drōm.

Designed to integrate seamlessly with the surrounding maple forest, the home faces eastward on a gentle slope. A wetland area to the east creates a natural clearing, while a rock outcropping to the west forms a steeper incline, protecting the residence from prevailing winds and neighboring views.

Ubicada en el densamente arbolado municipio de Bromont, cerca de Montreal, Oakhill es una residencia unifamiliar concebida por el estudio de arquitectura local Matière Première Architecture y construida por su firma asociada, Nu Drōm.

Diseñada para integrarse armoniosamente con el bosque de arces circundante, la vivienda se orienta hacia el este sobre una suave pendiente. Hacia el este, un área de humedales forma un claro natural, mientras que hacia el oeste, un afloramiento rocoso genera una pendiente más pronunciada, protegiendo la residencia de los vientos predominantes y de las vistas de las viviendas vecinas.

CONCEPT & INTERIOR SPACES

Emphasizing a modest scale, Oakhill is a sleek, single-story residence that harmonizes with the forest canopy, drawing inspiration from the surrounding deciduous trees. Anchored to the gently sloping terrain, a lightweight roof is supported by a subtle yet robust structure. The alternating single-slope roof adds visual interest while effectively managing sunlight and shading. Interior spaces flow seamlessly into the natural environment, blurring the boundary between architecture and nature.

CONCEPTO Y ESPACIOS INTERIORES

Enfatizando una escala modesta, Oakhill es una elegante residencia de una sola planta que se armoniza con el dosel del bosque, inspirándose en los árboles de hoja caduca circundantes. Anclada al suave terreno inclinado, un techo ligero se sostiene mediante una estructura sutil pero robusta. El techo de pendiente única alternante aporta interés visual, a la vez que gestiona de manera eficiente la luz solar y las sombras. Los espacios interiores fluyen de manera continua hacia el entorno natural, difuminando la frontera entre la arquitectura y la naturaleza.

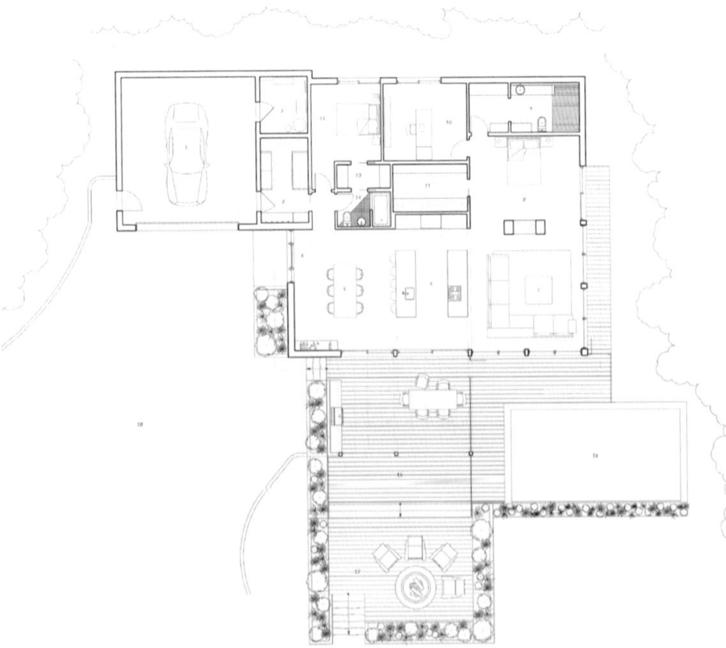

FLOOR PLAN

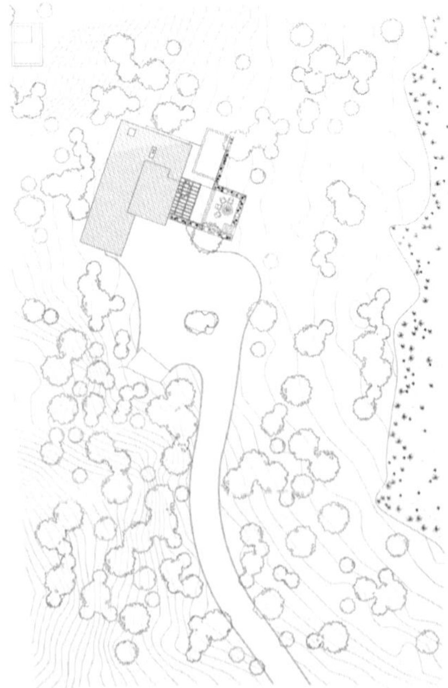

SITE PLAN

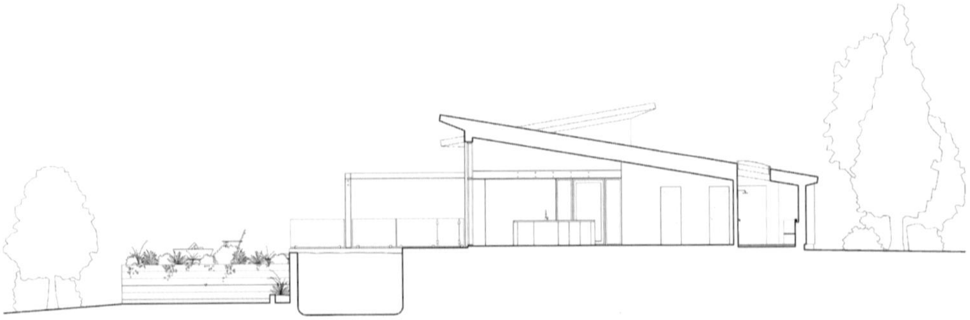

SECTION

PROGRAM

The architectural layout features a living area that connects seamlessly to both indoor and outdoor spaces through expansive glazed glass, extending toward the master bedroom. In the evening, curtains provide privacy and create a cozy ambiance. The landscape design follows the natural gradient of the site, leading to a second level that features an outdoor fire pit. A semi-inground pool, located close to the house to minimize environmental impact and tree removal, establishes a visual connection with the wetland area.

PROGRAMA

La disposición arquitectónica cuenta con un área de estar que se conecta de manera continua con los espacios interiores y exteriores a través de amplios ventanales, extendiéndose hasta el dormitorio principal. Por la noche, las cortinas ofrecen privacidad y crean un ambiente acogedor. El diseño del paisaje sigue la pendiente natural del terreno, conduciendo a un segundo nivel que cuenta con una fogata exterior. Una piscina semienterrada, ubicada cerca de la casa para minimizar el impacto ambiental y la tala de árboles, establece un vínculo visual con el área de humedales.

www.thamvidegard.se

About Oakhill HOUSE

Matière Première Architecture is a small architectural studio that has been based in the beautiful Eastern Townships region of Quebec since 2016. After falling in love with the area, the three founders—Etienne Chaussé, Marc-Antoine Chrétien, and Dominic Chaussé—relocated from Montreal with their families, becoming part of the local community and gaining a deeper understanding and broader perspective of the region. Their work primarily focuses on rural residential projects, designed by Matière Première Architecture and built by Nu Drōm, their affiliated construction firm.

Acerca de Oakhill HOUSE

Matière Première Architecture es un pequeño estudio de arquitectura que se ha establecido en la hermosa región de los Eastern Townships, en Quebec, desde 2016. Tras enamorarse de la zona, los tres fundadores—Etienne Chaussé, Marc-Antoine Chrétien y Dominic Chaussé—se trasladaron desde Montreal con sus familias, integrándose en la comunidad local y adquiriendo una comprensión más profunda y una perspectiva más amplia de la región. Su trabajo se centra principalmente en proyectos residenciales rurales, diseñados por Matière Première Architecture y construidos por Nu Drōm, su firma constructora asociada.